广西中高职衔接的理论研究与实践探索

GUANGXI ZHONGGAOZHI XIANJIE DE
LILUN YANJIU YU SHIJIAN TANSUO

韩志刚　著

西南财经大学出版社
Southwestern University of Finance & Economics Press
中国·成都

图书在版编目(CIP)数据

广西中高职衔接的理论研究与实践探索/韩志刚著 . —成都:西南财经大学出版社,2021.4

ISBN 978-7-5504-4843-8

Ⅰ.①广… Ⅱ.①韩… Ⅲ.①职业教育—教育研究—广西 Ⅳ.①G719.2

中国版本图书馆 CIP 数据核字(2021)第 071308 号

广西中高职衔接的理论研究与实践探索

韩志刚 著

责任编辑:杨婧颖

封面设计:张姗姗

责任印制:朱曼丽

出版发行	西南财经大学出版社(四川省成都市光华村街55号)
网 址	http://www.bookcj.com
电子邮件	bookcj@swufe.edu.cn
邮政编码	610074
电 话	028-87353785
照 排	四川胜翔数码印务设计有限公司
印 刷	郫县犀浦印刷厂
成品尺寸	170mm×240mm
印 张	9
字 数	165 千字
版 次	2021 年 4 月第 1 版
印 次	2021 年 4 月第 1 次印刷
书 号	ISBN 978-7-5504-4843-8
定 价	52.00 元

前　言

　　2010年，《国家中长期教育改革和发展规划纲要（2010—2020年）》明确提出，到2020年，我国要形成适应发展方式转变和经济结构调整要求、体现终身教育理念、中等和高等职业教育协调发展的现代职业教育体系。2011年《教育部关于推进中等和高等职业教育协调发展的指导意见》中指出：中职和高职的衔接要适应区域产业的需求，明确人才培养目标；要紧贴产业转型升级，优化专业结构布局；要深化专业教学变革；要改革招生考试制度，拓宽人才成才途径。2014年，《国务院关于加快发展现代职业教育的决定》进一步提出要建立健全课程衔接体系，推进中等和高职教育培养目标、专业设置、教学过程等方面的衔接，形成对接紧密、特色鲜明、动态调整的职业教育课程体系。由此可见，中高职紧密衔接是解决我国中高等职业教育全面协调、有序发展的重要举措，是构建现代职业教育体系的关键。在相关政策的引导下，广西工业职业技术学院牵头，联合南宁职业技术学院、广西职业技术学院、昭平职教中心、南宁市第六职业技术学校、桂平第一中等职业学校等中高职院校，成立了"广西中高职衔接研究"课题组，课题组研究借鉴了国外中高职衔接的成功经验，并结合广西职业教育的工作实际，开展了广西中高职衔接的理论研究与实践。

　　本书介绍了当前中高职衔接的意义与理论依据，分析了广西中高职衔接的现状，着重介绍了广西中高职衔接在机制建设、招生模式、专业建设、课程建设、混合教学团队建设及教学资源共建共享六个方面的研究成果，提出了基于"1+X"证书的招生考试模式建议。本书通过建立"三个一"（一个专业学位与职业资格对应的成长体系、一个对接产业的中高职专业征询系统平台、一个专业目录标准体系），以"三衔接"（专业人才培养目标衔接、专业课程标准衔接、专业师资衔接）开展中高职衔接的专业建设；按照"模块设计、分段培养"的模式，构建了体现学生四阶递进能力"基础能力—专业能力—核心能力—扩展能力"的递进式课程体系，制定了符合职业教育特点的课程实施方案；在教学团队建设上，以强化师资平台建设、教师交流、"双师"队伍建设、职业教师培训为抓手，形成协作共同体，达成衔接共识，提升实践教学技能和专业能力；在广西工业职业教育集团内部建立中高职院校和行业企业的合作机制，以"五位一体"（购买、搜集整合、引进改造、自主开发、共建共享）为引导，通过"多元"（院校、行业、企业）共建"多样化"（专业、课程、素材、能力训练与测试、培训认证、特色）资源，满足"多层"（教师、中职学生、高职学生、企业人员、社会学习者）应用的"三多"，进行中高职衔接教学资源建设。同时，本书还与读者分享了广西工业职业技术学院与桂平第一中等职业学校、南宁职业技术学院与南宁市第六职业技术学校、广西职业技术学院与昭平职教中心在中高职衔接中的实践案例，期待这些经验能为相关院校开展中高职衔接提供启发和借鉴。

本书由韩志刚教授统稿。其中，第一章由黄艳杰撰写，第二章由韩志刚、王自豪撰写，第三章第一节、第二节由韩志刚、王自豪撰写，第三节由韩志刚、陈江波撰写，第四节、第五节由李俊撰写，第六节由王娟、陈江波撰写，第七节由黄艳杰撰写，第四章由王娟、周旺、蒋贻杰、玉胜忠、覃坤清、徐锡锋撰写。在撰写过程中，课题组也得到了广西壮族自治区教育厅职业教育与成人教育处、广西教育研究院的领导和专家们的悉心指导和大力支持，在此致以诚挚的谢意。

由于水平有限，书中难免出现疏漏，敬请读者不吝指正。

编者

2020 年 5 月

目　录

第一章　中高职衔接背景分析 / 1

　第一节　中高职衔接的意义与理论依据 / 1

　第二节　国内外中高职衔接实践及发展趋势 / 7

第二章　广西中高职衔接现状分析 / 12

　第一节　广西中高职衔接现状 / 12

　第二节　广西中高职衔接的问题分析 / 17

第三章　广西中高职衔接路径分析 / 25

　第一节　政策支持 / 25

　第二节　机制创新 / 27

　第三节　招生模式分析 / 30

　第四节　专业建设 / 36

　第五节　课程建设 / 41

　第六节　师资队伍建设 / 46

　第七节　教学资源建设 / 50

第四章　广西中高职衔接的实践研究 / 60

第一节　广西职业技术学院与昭平职教中心茶叶生产与加工技术专业中高职

衔接实践 / 60

第二节　南宁职业技术学院与南宁市第六职业技术学校高星级饭店运营

与管理专业中高职衔接实践 / 83

第三节　广西工业职业技术学院与桂平第一中等职业学校汽车检测

与维修技术专业中高职衔接实践 / 91

附　录 / 103

参考文献 / 135

第一章 中高职衔接背景分析

第一节 中高职衔接的意义与理论依据

中高职紧密衔接是解决我国中高等职业教育全面协调、有序发展的关键。

一、中高职衔接的意义

（一）实施中高职衔接，是经济结构调整、产业转型升级的必然要求

2013 年 12 月 10 日，在中央经济工作会议上的讲话中，习近平指出中国经济呈现出新常态，主要有以下几个特点：一是从高速增长转为中高速增长；二是经济结构不断优化升级，第三产业消费需求逐步成为主体，城乡区域差距逐步缩小，居民收入占比上升，发展成果惠及更多民众；三是从要素驱动、投资驱动转向创新驱动。为适应经济发展新常态，国务院印发了《中华人民共和国国民经济和社会发展第十三个五年规划纲要》《装备制造业标准化和质量提升规划》等一系列文件，文件中明确提出：促进产业调整，推进供给侧结构性改革，着重构建现代农业产业体系、生产体系、经营体系；培育壮大新兴工业产业，改造提升传统产业，加快构建创新能力强、品质服务优、协作紧密、环境友好的现代产业新体系；加快发展现代服务业，推动生产性服务业向专业化和价值链高端延伸、生活性服务业向精细和高品质转变。2017 年 10 月 18 日，习近平总书记在党的十九大报告中指出：我国经济已由高速增长阶段转向高质量发展阶段。围绕建设现代化经济体系战略目标，必须坚持质量第一、效益优先，以供给侧结构性改革为主线，推动经济发展质量变革、效率变革、动力变革，提高全要素生产率，着力加快建设实体经济、科技创新、现代金融、人力资源协同发展的产业体系。

产业结构调整带来的产业结构升级、优化将淘汰一些原有的工作岗位，劳

动者需要不断更新知识和提高劳动技能以适应工作岗位的变化。职业教育作为重要的人力资源供给主体，只有通过职业教育供给侧的结构性改革，解决供给结构不合理、质量不高等问题，才能扩大有效供给，增强劳动力结构对产业需求变化的适应性和灵活性，提升其职业教育服务经济社会发展的能力。开展中高职衔接将会使中职生拥有更多接受高等教育的机会，提升职业教育培养层次，满足广大职业教育毕业生的就业创业需要，促进经济社会的持续健康发展。

（二）实施中高职衔接，是大力发展职业教育、构建现代职业教育体系的内在要求

职业教育作为一种独特的教育类型，必须适应经济发展方式转变和产业结构调整的要求，通过构建体现终身教育理念、中等和高等教育协调发展、满足人民群众接受职业教育的需求、满足经济社会对技术技能人才需求的职业教育系统，才能与其在产业升级、经济转型过程中的战略地位相匹配。

2010年，教育部颁布了《国家中长期教育改革和发展规划纲要（2010—2020年）》，提出"到2020年，形成适应发展方式转变和经济结构调整要求、体现终身教育理念、中等和高等职业教育协调发展的现代职业教育体系"。

2011年，教育部下发了《教育部关于进一步推进中等和高等职业教育协调发展的指导意见》（以下简称《指导意见》），强调了以对接产业为切入点，强化职业教育办学特色。《指导意见》还指出要遵循经济社会发展规律和人的发展规律，统筹中等和高等职业教育发展重点与节奏，整合资源，优势互补，合作共赢，强化职业教育办学特色，增强服务经济社会发展和人的全面发展的能力，从中高职衔接的方向要求、协调发展、衔接实施、制度保证四个大角度、22个细项目提出指导意见。

2013年，国务院下发《国务院关于建设现代职业教育体系 服务经济发展方式转变的决定》，提出"统筹中等和高等职业教育，统筹职业教育、普通教育、继续教育，坚持全日制与非全日制并重、学校职业教育和企业职业教育并举，推进职业教育内部衔接、外部对接，增强人才培养的系统性和针对性。发挥中等职业学校的基础作用，重点培养技术技能人才；发挥专科高等职业院校的引领作用，重点培养高端技术技能人才"。

2014年，国务院发布《国务院关于加快发展现代职业教育的决定》（以下简称《决定》），明确指出，"体制机制不畅"是当前职业教育存在的突出问题。对此，习近平总书记明确批示，要改革职业教育体制机制，使中高职衔接更加紧密、职教与普教连接更加畅通，提升办学活力。《决定》要求积极探索

"五年贯通培养""3+2 分段培养""文化素质+职业技能"高职分类考试等模式，打通中职学生发展和成才通道，推动中高职在培养目标、专业设置、课程教材、教学内容等方面逐步实现衔接。同年，教育部下发了《现代职业教育体系建设规划（2014—2020 年）》，明确了加强中高职衔接，完善职业人才衔接培养体系是建立人才培养"立交桥"，形成合理教育结构，体现终身教育理念，具有中国特色、世界水平的现代职业教育体系中的一项重要工作。在充分认识中等职业教育和高等职业教育的有效衔接是现代职业教育体系建设的关键环节和重要基础的背景下，提出《推进中等和高等职业教育人才培养衔接行动计划（征求意见稿）》，通过重点实施"十大计划"，2015 年在中等和高等职业教育招生考试制度、学制、课程体系、专业设置、教学模式、校际合作、教师培养培训、质量评价、行业指导、实训装备等方面实现有效衔接。初步形成适应经济结构布局和产业发展需要，优势互补、分工协作、衔接贯通的现代职业教育格局，为形成现代职业教育体系框架和终身教育体系奠定坚实基础。

（三）实施中高职衔接，是学生、家长、企业共同的诉求

从学生和家长的角度来看，随着社会经济的发展、人民生活越来越富裕，家长和学生均希望学生通过职业教育，能掌握更高的技术技能，找到一份高质量的工作。受到自身知识基础、学制、年限等因素的制约，中职学生无法在短期内掌握更高的技能，因此学生迫切需要进一步学习，提高自身技能。相关统计资料显示，中职生有升学意愿比例的超过 70%；从企业的角度来看，在经济发展新常态下，现代企业的发展越来越智能化、信息化、集约化，企业更希望能够引进一批高素质、高技能人才，提高生产能效和产品质量。基于学生、家长、企业的共同需求，政府提出要促进中高职教育的有序衔接，更好地发挥中职教育的基础作用，高职教育的引领作用。因此开展中高职衔接是利益相关方的共同要求。

（四）实施中高职衔接，是促进广西职教人才培养的必然要求

近年来，随着国家职业教育相关政策的不断出台及落实，广西的中高职衔接工作不断推进，并形成了五年一贯制、"2+3"、"3+2"等几种成功模式，由中职升入高职就读的学生人数不断增加，进一步扩大了中职院校的招生规模，促进了高职生源的旺盛，提升了广西高校的毛入学率，为广西区域经济和人才发展做出了重要贡献。但是与职业教育发达的省份相比，广西中高职衔接还存在一些不足：一是专业设置的契合度较低，缺乏完善的对接机制来统筹人才培养方案设置，中高职人才培养定位不清；二是中高职师资队伍缺乏有效的协同机制，各机构存在沟通不畅问题，导致课程设置、课程体系与内容建设、

课程教学等方面相互独立，未能产生协同效应；三是优质的教学资源不能共享等。因此，从广西的实践来看，中高职衔接缺乏基础支撑，广西需要进一步完善中高职衔接机制，探索构建中高职衔接新模式。

综上所述，无论是从现代中国经济的发展来看，还是从我国构建现代职业教育体系、实现职业教育科学发展来看，或是从利益相关的学生、家长和企业三方的需求及广西作为不发达地区看来，实施中高职有序衔接都是必然要求。

二、中高职衔接的理论依据

2011 年 12 月，《教育部关于推进中等和高等职业教育协调发展的指导意见》明确提出，中等和高等职业教育协调发展是构建现代职业教育体系，是提升职业教育支撑产业发展的能力，实现职业教育科学发展的关键所在。围绕中等和高等职业教育接续专业的人才培养目标，系统设计、统筹规划课程开发和教材建设，明确各自的教学重点，制定课程标准，调整课程结构与内容，完善教学管理与评价，推进专业课程体系和教材的有机衔接，需要有理论的支撑。

（一）系统论

美籍奥地利人、理论生物学家贝塔朗菲创立的"系统论"的核心思想是：任何系统都是一个有机的整体，它不是各个部分的机械组合或简单相加，各要素在孤立状态下不具备系统的整体功能。职业教育作为一个完整的系统，也要考虑其内外部的整体性、层次性及目的性。

1. 系统的整体性原理

现代职业教育体系以各级各类职业院校和职业培训机构为主要载体，具有适应需求、有机衔接、多元立交的特点。有机衔接，就是统筹协调中等、高等职业教育发展，以课程衔接体系为重点，促进培养目标、专业设置、教学资源、招生制度、评价机制、教师培养、行业指导、集团化办学等领域相衔接，切实增强人才培养的针对性、系统性和多样化。中等职业教育和高等职业教育作为现代职业教育体系系统子单元的要素，一旦组成系统整体，就具有了中等职业教育和高等职业教育独立存在时所不具有的性质和功能，从而表现出整体的性质和功能不等于中等职业教育和高等职业教育的性质和功能的简单相加。中职和高职作为一个密切相关、衔接递进的整体，应切实提高专业设置、培养目标、课程体系、教学资源、评价机制、教师培养、行业指导等方面层次结构的完善性、优化性和合理性，才能培养适应区域经济发展的技能应用型人才，真正实现职业教育体系内在衔接性和外在适应性的统一。

2. 系统层次性原理

系统的不同层次，往往发挥着不同的功能。中职与高职在职业教育体系中处于不同的层次，教育教学的深度和广度存在着差异。中等职业教育的培养目标是培养具有综合职业能力的，在生产、服务一线工作的高素质劳动者和技能型人才。而高等职业教育的培养目标是培养生产、建设、服务和管理第一线的高技能人才。高技能人才应具备高超的动手能力，突出的创造能力和极强的适应能力。技能型人才、高技能人才的培养是一个系统工程，更是一个循序渐进、由低级到高级的认知发展过程。因此，中职可以说是高职的一个学习准备阶段，高职的发展必须要建立在中职的基础上，缺少了中职作为基础铺垫，高职也是不完整的；而中职如果没有高职的延续，将失去发展前进的动力，成为没有吸引力的"断头教育"。因此，中高职的有效衔接，是促进二者的和谐发展，提升职业教育办学水平，提高人力资源质量的关键。

3. 系统的目的性原理

系统论认为，一切系统都具有目的性，即系统的目的指向性、针对性和方向性。职业教育的培养目标即是以经济社会发展需求为依据，尤其是随着产业结构的调整，要加快培养现代制造业、高技术产业、现代服务业、信息产业方面的高层次专业人才。因而，中职教育、高职教育的人才培养在制定目标时，要充分考虑行业、企业、用人单位对所需人才在专业知识、专业技能、职业素养的要求。行业企业、用人单位应对不同岗位提出针对岗位需求的、完整的、系统的用人计划和人才培养目标，促进专业与产业的对接，使中高职教育顺利有效地衔接，形成适应区域经济结构布局和产业结构升级需要的优势互补、分工协作的职业教育格局，使中高职校更好地为区域经济培养所需的技能型应用人才。

（二）人本主义理论

职业教育的核心理念是以技能为核心，就业为导向，关注学生的终身发展。中高职衔接不仅要解决中职学生的学历提升问题、劳动力市场技术技能人才紧缺问题，其根本出发点和落脚点是更好地促进人的全面和自由发展。

人是社会的主体，只有人得到自由、解放和发展，才能推动社会进一步发展。习近平总书记在2013年的全国职业教育工作会议上强调"职业教育是国民教育体系和人力资源开发的重要组成部分，是广大青年打开通往成功成才大门的重要途径"。因此，改革职业教育体制机制，使中高职衔接更加紧密、职教与普教连接更加畅通，提升办学活力，使职业教育成为广大青年实现人生价值的重要途径，才能让他们在接受职业教育中掌握技术技能、增长实学才干，实现人生抱负。

中高职衔接要以习近平职业教育思想体系中促进"人人发展"、实现"人人出彩"的教育公平观为指引，以马斯洛提出的需要层次理论，以及罗杰斯提出的"一个人发展、扩充和成熟的趋力，是一个人最大限度地实现自身各种潜能的趋向"的理论研究为基础，以学生为中心，把握职业教育的职业性、技能性、实践性，面向生产、建设和服务一线，研究职业活动的本质特征，分析具体岗位知识和技能要求，重视和加强对学生学习过程的研究、指导和评价，强调以过程性知识、应用型的经验与策略来培养学生的认知方法、探索的兴趣和习惯以及健康人格。

（三）终身教育理论

保罗·朗格朗（Paul Lengrand）认为，终身教育不是传统教育的简单延伸，它包含每个人对生活的基本问题采取的新态度、新观点和新方法。终身教育以培养个体适应现代社会所需要的各种能力及全面发展的终身性、全民性、广泛性为基本特征。当今社会经济迅速发展，工业化、智能化、产业转型升级等加快，向劳动者提出了更高的技术训练要求，低层次、一次性学习而获得的科学文化知识和职业技能根本无法终身享用，人们只能通过不间断地回归学校接受新技术、新技能的培训，才能更好地适应自己的职业发展和变动。终身教育理论为健全与完善中高职衔接体系提供了思想指引和理论基础。

在构建现代职业教育体系中，中职教育和高职教育是最重要的两大部分。教育是贯穿于人一生的，学习者不仅需要学习已有的文化，更需要培养个人对环境变化的主动适应能力，做到全面发展。职业教育体系应突出教育的连贯性与持续性，在专业和课程设置上适应生产力的发展、企业的现时需求，在培养目标、专业设置、教学资源、招生制度、评价机制等各方面开展实质上的衔接，才能使学生获得深厚的基础文化知识和良好的信息获取能力以及接受再培训的能力，以更好地应对转岗、升职需要，在职业生涯上有更好的发展。

（四）建构主义学习理论

建构主义源于 20 世纪 80 年代，最早由瑞士心理学家皮亚杰（J. Piaget）提出，后经布鲁纳（J. S. Bruner）和维果斯基（Lev Vygotsky）等教育家不断完善，从而初步形成今天的社会建构主义理论。它是 20 世纪末至 21 世纪初的主导教育理论，对当今教育理论及实践产生了深远的影响。

建构主义知识观强调，知识并不能精确地概括世界的法则，在具体问题中，需要针对具体情境进行再创造。学生的学习不能满足于教条式的掌握，学生不仅需要理解新知识，还需要在后期对知识进行不断深化。

建构主义学习观强调，学习过程并不简单地是信息的输入、存储和提取过程，而是新旧经验之间相互作用的过程。

建构主义学习观强调，教学不是知识的传递，而是知识的处理和转换。教学不能无视学生已有的知识和形成的经验，重新"开张"从外部装进新知识，而是要把学生现有的知识经验作为新知识的生长点，引导学生从原有的知识经验中"生长"出新的知识经验。

针对同一内容，学生要在不同时间进行多次学习，但这绝不是为巩固知识技能而进行的简单重复，不同的学习阶段应针对问题的不同侧面结合互不重合的学习情境，使学习者对概念知识获得新的、多角度的理解，形成背景性经验。

（五）布鲁纳的结构课程理论

杰罗姆·布鲁纳是美国著名的心理学家、教育学家，他的结构课程论强调在科技革命和知识激增的条件下，必须按结构主义原理进行课程改革，用有利于开发智力的发现法代替传统的复现法，帮助学生对结构的理解、记忆和迁移。

布鲁纳主张打破同一学科在不同学习阶段的界限，把所学各门学科的内容和要求按不同深度、广度、难度划分为不同的层次，在不同的学习阶段变化性反复，为学生组织更易理解的知识内容、呈现最佳的知识顺序，以达到激发学生的内部学习动机的目的。

结合布鲁纳的结构课程理论，根据中职和高职不同阶段，学生不同的认知结构，进行由浅入深、由易到难、由具体到抽象的衔接。首先，在设计一体化人才培养方案时，将中职教育的职业道德、操作性、实用性与高等职业教育的素质、知识、能力及技能整合，厘清层次结构，使课程既具有连续性，又体现发展性。其次，在中高职学科体系的设计上，除了要避免中高职课程内容的简单重复外，课程体系衔接要紧密联系产业的发展动态，为学生可持续发展和终身发展奠定基础。

第二节　国内外中高职衔接实践及发展趋势

开展中高职衔接的目的在于促进中高职协调发展、系统培养高素质技能型人才。《推进中等和高等职业教育人才培养衔接行动计划》强调了中高职衔接的重要性，明确了十项重点工作：①专业设置要适应区域经济社会发展要求，专业结构要与区域产业结构相适应；②专业人才培养目标要紧贴产业转型升级、对应岗位标准；③课程体系和教材要改革和创新；④教学过程要以强化学生素质培养为导向；⑤评价模式要坚持以能力为核心；⑥同时，还要加强师资队伍建设，注重教师培养培训；⑦改造提升传统教学，加快信息技术应用；⑧改革招生考试制度，拓宽人才成长途径；⑨推进产教合作对接，强化行业指导作用；⑩发挥职教集团作用，促进校企深度合作等。

一、国内中高职衔接的实践

（一）五年一贯制

五年一贯制又称"初中起点大专教育"，招收参加中考的初中毕业生，达到录取成绩后，进入高等职业学校学习，进行一贯制的培养。学业期满颁发教育部统一印制的普通高等学校毕业证书。此学历为国家承认的全日制专科学历，修业年限注明"五年一贯制"字样，与三年制专科基本无异。毕业生具有继续接受本科以上教育的资格。毕业生就业在国家宏观政策指导下，实行双向选择、自主择业。这种学制衔接模式是在培养目标、课程上整体贯通，而在学籍上分段衔接管理。受教育者在一所职业院校学习五年，一般是采用先接受三年中等职业教育，再接受两年高等职业教育，或者是先接受两年中等职业教育，再接受三年的高等职业教育的方式。

（二）"3+2""2+3"分段贯通衔接模式

"3+2"分段贯通衔接模式是指中职学校与高职院校选取专业、规定人数、协商具体共同培养事宜、签订联合办学协议，并在教育部门进行备案，从应届初中毕业生中招收学生，学制为五年。前三年按中职学校标准收费，后两年按高职院校标准收费。中职教学完成之后，根据学生的成绩和综合表现直升，或者是通过参加"三二分段"中职接高职统一考试，选择出优秀的学生升入高职院校进行后两年的学习，考试合格后颁发大专毕业证书；未进入高职院校学习的学生，达到中职毕业条件，获得中职的毕业证书。

"2+3"与"3+2"这两种衔接模式基本一致，都需要中职院校和高职院校签订合作办学协议，并在教育部门备案。这两种衔接模式的差异在于，"2+3"模式下的学生在中职院校进行两年学习后选择去高职院校学习三年，完成学习任务可获得大专的毕业证书。

（三）直通制模式

直通制模式是在一所高职院校内部实施中高职教育的模式。由高职院校直接招收初中毕业生入学，前三年按中专教学计划实施教育，然后按三年的学业成绩和综合表现择优选拔部分学生升入专科，再学习两年，完成高职专科学业，考试合格颁发专科毕业证书。未升入专科的学生，继续按中专教学计划再学习一年，完成四年制中专学业，毕业时发给中专毕业证书。

（四）单考单招模式

单考单招的全称为"高等职业教育单独考试单独招生"，是由教育部单独对中等职业学校应届毕业生高考招生的一种形式。单考单招的考试采取"3+X"形式，"3"是指语文、数学、外语，"X"是指综合专业课一科或专业基础课、职业技能课两科。教育部对通过单招进入高职阶段学习的人数比例有一定限制。学生在进入高职学院学习后，与通过普通高考入学的高职学生统一编班、教学和管理。

（五）对口招生模式

对口招生模式是高职院校通过对口专业的招生考试来招收中等职业学校、职高、职业中专等毕业生的中高职衔接模式。招生考试是由当地教育行政部门统一组织的，学生就读的中等职业院校与报考的高等职业院校之间不存在合作关系。

（六）高职自主招生模式

高职自主招生模式是中职生参加高职院校根据不同专业要求组织的"知识+技能"的自主招生考试后取得高职的入学资格，进入高职院校学习的升学模式。

二、国外中高职衔接的实践

（一）美国中高职衔接模式

美国职业教育采用的"企业—职业教育契约模式"具有两个特点：一是企业和工商协会等组织和学校协商签订契约，约定企业与学校间各自的责权，实现互惠互利的伙伴关系；二是有工作本位的学习、学校本位的学习和联合活动三种学习活动。

美国是单轨制教育制度的典型代表，美国的中等职业教育主要是放在综合高中内来进行，而职业课程放在综合高中阶段，充分体现了"普通教育渗透职业教育"的思想。美国的中高职衔接是通过美国的教育行政主管部门统一制定中职教育和高职教育的教学大纲来实现的。政府在国家层面制定《卡尔·帕金斯职业和应用技术法案》，其中明确规定联邦和各州政府用于职业教育的财政拨款主要用于两个方面：一是把高中职业课程（2年）改为高中后技术教育的准备课程，二是实施中高职课程衔接，即"2+2"课程。另外，美国还鼓励社区学院与高中进行合作，共同制定衔接方案并进行实用技术课程的研发。接受中等后职业教育的学生可以通过2年的职业培训，获得相应的职业资格证书；也可以选择在社区学院学习两年后，获得大专文凭，继而获得所学专业的副学士学位。

（二）澳大利亚中高职衔接模式

澳大利亚中高等职业教育的衔接通过采用"培训包"的模式开展。"培训包"作为认定和评价技能的职业标准及职业教育培训体系的标准，由澳大利亚国家行业咨询委员会研发，分为不同的层级，与资格框架相对应，每个层级的内容与相邻层级都相互联系。在国家层面统一组织开发全国性的学习系统（学历资格框架，简称AQF），将教育的诸多环节进行国家标准化，对每一种资格的内容、原理以及衔接的议定书、资格证书的发放和资格转换等方面的内容都有详细的规定，使全国的大学教育、职业教育与培训和中小学教育相互衔接，并得到全国所有教育机构的承认。

（三）英国中高职衔接模式

英国采用中高级职业教育课程衔接，国家确认职教与普教文凭等值的模式。由国家职业考试委员会和中学教育考试委员会共同协调，统一制定5 000个左右的标准教学单元，并把这些单元按程度分成6个层次，开展分层式教学。1、2、3三个层次属中等职业教育，与初中课程衔接；4、5、6三个层次属高等职业教育。相邻层次单元之间的课程可以衔接，不同阶段的学习对应不同的职业资格证书，并依据学生所学单元总数的最低值来颁发毕业证书。

（四）法国的中高职衔接模式

法国持有普通高中、技术高中和职业高中等文凭的学生无须入学考试即具备入读高职学院的资格。中职毕业生需要取得职业高中的毕业会考证书（法国设立有专门的职教预科学校，为中职毕业生补习），达到国家规定的学历标准，方可进入高职学院进行深造，以此实现中高职教育的相互衔接。法国将中职专业分为17大类，每一个大类都与高职的某一专业对应，在专业设置、课程标准制定等环节都实现了中职和高职教育的对应，从而实现中高职课程等重要环节紧密衔接。

（五）德国的中高职衔接模式

在德国，不同层次的职业教育之间、职业教育与普通教育之间，是交汇融通和相互关联的。德国中高职衔接采用经由职教机构对初中毕业生进行一定时间的专门补习，使之达到高中段学历标准；取得中等职业教育毕业证书的学生可以直接升入专科高中或职业高校的方法。德国联邦政府颁布了《联邦职业教育法》《职业教育促进法》《职业教育条例》《框架教学计划》等一系列职业教育法律法规，从法律层面为中高职职业教育的衔接提供了保障。

（六）日本的中高职衔接模式

日本采用在高等专门学校实施五年一贯制的对口入学的衔接模式来实现中高职衔接。高等专门学校的学制为五年，前三年主要集中完成中等职业教育的课程，后两年完成高等职业教育的课程。学校以逻辑体系编制课程，同时课程设置全面考虑学生的认知水平。职业高中和综合高中的优秀毕业生或已经步入社会并具有职业技能和实践经验的社会人士，可通过推荐与考试选拔进入高等职业专门院校，继续接受高等教育或重新接受学校的系统教育。

（七）韩国的中高职衔接模式

韩国的中等职业学校主要是三年制的职业高中，高等职业院校叫"初级职业学院"，相当于高等职业教育，面向高中毕业生、职业高中学生、有国家认证资格的手艺人和达到规定工作年限的工人招生，主要培养中级技术职业人才，以此达到中高职教育的衔接。

第二章　广西中高职衔接现状分析

第一节　广西中高职衔接现状

一、广西职业教育现状

（一）高等职业教育现状

1. 院校规模

到 2017 年，广西独立设置的高等职业院校共 36 所（公办高职院校 26 所、民办高职院校 10 所），占广西 78 所高校的 46.15%。其中，国家示范性高职院校 2 所、国家骨干高职院校 3 所、自治区示范性高职院校 9 所，占全区高职院校的 38.89%，如图 2-1-1 所示。

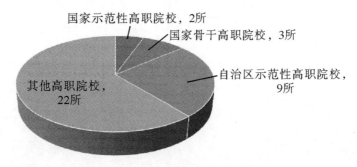

图 2-1-1　广西高职院校的基本情况

2. 学生规模

2017 年广西高职全日制在校生总数达到 26.15 万人，其中高中起点在校生数 21.47 万人，占在校生总数的 82.13%，中职起点在校生数 3.96 万人，占在校生总数的 15.13%，其他 0.72 万人，占在校生总数的 2.75%。2017 年，全日制高职招生数共 14.50 万人，毕业生数 7.26 万人。

2017 年广西高职院校主要采取 4 种招生考试方式，分别为统考统招、对口招生、单考单招、中高职贯通和综合评价招生。2017 年全日制高职院校招生数 14.50 万人，其中统考统招数为 7.03 万人，对口招生数为 3.30 万人，单独考试招生数为 2.92 万人，中高职贯通招生数为 0.64 万人，综合评价招生数为 0.05 万人。2017 年实际录取人数为 12.44 万人，计划完成率 85.81%。全年毕业生总数为 83 385 人，毕业生初次就业率为 91.9%。截至 2017 年 9 月 1 日，广西高职院校毕业生就业率为 92.39%。

3. 专业布局

从专业布局来看，2017 年广西高职院校专业数为 396 个，专业布点数为 2 274 个，覆盖第一、二、三产业。有合作企业的专业数占专业设置总数比例达到 62.45%，比 2016 年高出 6.3%。涵盖高职专业目录的 19 个专业大类，分布在全区 14 个设区市，共有 553 个专业点对接全区 "14+10" 产业。

（二）中等职业教育现状

1. 学校规模

到 2017 年，广西共有各类中职学校 324 所，按照归口管理划分，归口教育部门管理中职学校 276 所，归口人社部门管理的技工学校 48 所。按行政隶属划分，广西壮族自治区教育厅和行业主管的区直中职学校共 69 所（其中，技工学校占 22 所），市属中职学校 175 所，县级中专学校 80 所，如图 2-1-2 所示。

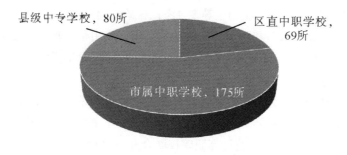

图 2-1-2　广西中职院校基本情况

2. 学生规模

2017 年，广西中职学校在校生规模达到 81.03 万人，有专任教师 2.07 万人。积极落实《高中阶段教育普及攻坚计划（2017—2020 年）》，坚持普职比大体相当，2017 年普通高中计划招生 33 万人，中职学校计划招生 29.5 万人。

全区中职学校完成招生预录共计 30.3 万人（其中技工学校 4.6 万人），完成年度招生计划 29.5 万人的 103%。

3. 专业布局

广西壮族自治区教育厅研究制定并报请自治区人民政府办公厅印发的《广西壮族自治区人民政府办公厅关于中等职业学校布局调整和专业结构优化的指导意见》（桂政办发〔2017〕145 号），成为指导下一步具体工作的政策依据。对接自治区重点发展的千亿元产业、战略新兴产业，广西壮族自治区教育厅组织中职院校开展专业新增和优化工作，引导学校自主开设专业。各地市和学校根据产业发展和人才需求，不断调整专业布局，优化专业设置，逐渐淘汰办学质量不高、就业质量不强的专业。2017 年，全区中职学校新增专业 89 个，撤销 8 个专业点。全区中等职业学校（不含技工学校）共开设包含全部 18 个专业类别的 218 个专业、2 044 个专业点，其中开设专业点数最多的分别为计算机应用、汽车运用与维修、电子电器运用与维修、电子商务、学前教育，近年来开设比较热门的专业为高铁乘务、工业机器人技术等新兴专业。目前广西壮族自治区中等职业学校开设的专业基本能够与自治区重点产业与特色产业有效对接，服务好自治区经济社会发展，着力为产业技术转型升级提供人才支持。

（三）广西中高职衔接现状

1. 改革和创新招生考试制度，初步构建人才成长"立交桥"

近十年来，广西不断深化招生考试制度改革，推行普通高考、学校单独组织考试、高职对口中职自主招生等多种考试模式，建立并完善了"分类考试、综合评价、多元录取"机制，构建中职、高职、应用型本科相衔接的职业教育人才成长通道，完善了技术技能人才衔接培养体系，实现职业教育的横向融通、纵向贯通。

高职单独招生。为贯彻落实《教育部关于积极推进高等职业教育考试招生制度改革的指导意见》精神，创新高职教育人才多样化选拔模式，广西壮族自治区 15 所自治区级示范性高职院校联合开展单独招生试点改革。当前招生考核主要实行"文化素质+职业技能"评价方式，只进行职业适应性测试，文化素质成绩使用高中学业水平考试成绩，录取时参考综合素质评价。通过这种选拔录取的招生方式，吸引和选拔了更多文化基础达标、综合素质良好、具备一定特长的优秀考生。

高职对口中职自主招生改革试点。自 2012 年起，广西壮族自治区取消了中职、高职对口招生自治区统一组织考试，试行高职对口中职自主招生。各有关高职学校认真制订自主招生方案，制定具体措施，通过校内组织考生进行专业测试的办法，对考生进行必要的筛选，择优录取。

五年制高等职业教育。2012年，广西壮族自治区政府出台了《关于加快发展五年制高等职业教育的意见》（桂教〔2012〕5号），加快发展五年制（含5学年一贯制、"2+3"学年制、"3+2"学年制，下同）高等职业教育，进一步畅通技能型人才成长"立交桥"。广西壮族自治区普通高等职业学校均有举办五年制高职试点班的资格。校内设有中等职业教育法人机构的高职院校可招收5学年一贯制形式高职试点班。自治区中职学校均有参加"2+3""3+2"学年制形式的五年制高职试点班的资格。2013年起，自治区进一步放开五年制高等职业教育试点工作，由下达招生计划改为备案制，五年制高职的招生计划单列，不占学校招生计划的总额。目前有12所职业院校开展注册入学试点工作，继续实行五年一贯制、分段式五年制高等职业教育及高职对口招收中职学生试点。

尽管广西职业教育发展较为迅速，规模也比较大。但是，在中高职衔接方面仍处于较低水平。如表2-1-1所示，全区高职院校全日制在校生中中职起点的学生比例虽然在逐年提升，但绝对比例并不高。

表2-1-1　2014—2018年广西高职院校全日制在校生中职生占比统计表

学年度	全日制在校生		
	总人数/人	中职起点	
		人数/人	比例/%
2014—2015学年	213 417	23 625	11.07
2015—2016学年	240 726	28 031	11.64
2016—2017学年	261 470	39 555	15.13
2017—2018学年	297 042	53 216	17.92

2. 以奖代补，积极推进中高职结对帮扶

2014至2017年，自治区在教育发展资金中每年安排2亿多元的县级中等专业学校综合改革奖补资金，调动各级政府的办学积极性，奖励广西职业技术学院等16所高职院校对口帮扶，支持他们对口帮扶县级中专改善办学条件、提升办学水平。大力推进中高职合作办学，充分发挥高职院校在专业及实训基地、师资队伍、信息化、校企合作、社会服务等方面的资源优势，帮扶县级中职全面改善办学条件，加强内涵建设，逐步将其建成当地集高中阶段教育、教师进修培训、民族文化传承、就业和扶贫培训、业余体校、电大教育为一体的教育综合服务平台，推进形成"各具特色、多元立交、产教融合、适应需求、充满活力"的县级中等专业学校办学新格局。2017 年，自治区县级中专全日制招生 4.82 万人，同比增长 12.1%，连续三年增长超过 10 个百分点。

3. 深化合作，全方位推进中高职衔接内涵建设

各职业院校大力实施"2+3"、"3+2"、五年一贯制人才培养，深入推进中高职"七个衔接"（培养目标、专业设置、课程设置、工学比例、教学内容、教学方式方法、教学资源配置的有机衔接），推进课程改革，对接职业标准、更新课程内容、调整课程结构、创新教学方式方法。如 2017 年，广西工业职业技术学院与对口帮扶职校共同修订和制订相关中高职衔接 18 个专业的五年一贯制人才培养方案；与 19 所中职学校签订了各类合作协议，合作办学；打造符合中高职教育趋势的师资团队，组织了多名中高职教师参加了自治区和全国高校微课教学比赛、高校慕课培训会；共同组织青年教师教学基本功比赛、电工操作技能竞赛、现代制造技术技能比赛等赛项，参赛教师逾 120 人次；共同开展十多次学生技能比赛等。通过对口帮扶，提升了学校的办学声誉和帮扶单位的教学实力与水平，同时也为学校储备了对口招生资源，提升了对口生源质量，达到合作双赢的目的。

2017 年，全区高职院校招收中职学生约 3.13 万人，占中职毕业生总数（不含技工学生）的 29.23%；普通本科院校招收中职毕业生 2 225 人，占中职毕业生总数（不含技工学生）的 2.0%；实现职业教育横向融通、纵向贯通，进一步优化全区人才培养结构。

2017 年，广西中等职业学校就业人数 113 373 人，其中，进入机关和企事业单位的有 55 539 人，占 50.88%；合法从事个体经营的有 12 438 人，占 11.39%；其他方式的有 9 844 人，占 9.02%；升入各类高一级学校的有 31 344 人，占 28.71%。与前两年相比，以其他方式就业和升入各类高一级学校的人数和比例均有所上升，合法从事个体经营的人数持续下降，比例高于 2016 年、低于 2015 年，进入机关和企事业单位的人数和比例均有所下降（见表 2-1-2）。

表 2-1-2　2015—2017 年广西中等职业技术学校就业情况统计表

项目	2015 年		2016 年		2017 年	
	就业人数/人	占就业人数比例/%	就业人数/人	占就业人数比例/%	就业人数/人	占就业人数比例/%
国家机关、企事业	74 242	61.58	68 114	60.65	55 539	50.88

表2-1-2(续)

项目	2015 年		2016 年		2017 年	
	就业人数/人	占就业人数比例/%	就业人数/人	占就业人数比例/%	就业人数/人	占就业人数比例/%
合法从事个体经营	23 410	19.42	12 484	11.12	12 438	11.39
升入高一级学校	19 015	15.77	24 176	21.53	31 344	28.71
其他方式	3 897	3.23	7 526	6.70	9 844	9.02

2017 年，广西中等职业学校毕业生升入高一级学校的人数为 31 344 人，其中，对口单独招生考试升学人数最多，共 17 125 人，占 54.64%；其次是五年一贯制升学人数，共 5 701 人，占 18.19%；技能拔尖人才免试升学的人数最少，共 236 人，占 0.75%，如表 2-1-3 所示。

表 2-1-3　2017 年广西中等职业技术学校毕业生升学统计表

项目	就业人数/人	占升入高一级学校人数比/%
对口单独招生考试升学	17 125	54.64
五年一贯制升学	5 701	18.19
三二分段制升学	5 160	16.46
技能拔尖人才免试升学	236	0.75
通过普通高考录取升学	1 670	5.33
其他方式升学	1 452	4.63

由此可见，近年来广西中高职衔接方面获得了长足的发展，但在合作的层次、规模和质量方面还处在较低水平。

第二节　广西中高职衔接的问题分析

一、广西中高职衔接中存在的问题

近年来，随着国家职业教育政策的不断出台及落实，广西的中高职衔接工作迎来了前所未有的发展契机，形成了五年一贯制、"2+3"、"3+2"等几种成功模式，由中职升入高职就读的学生人数不断增加，进一步拉动了中职、高职学校的招生规模，提升了广西高校的毛入学率，为广西区域经济发展和技术技能人才培育做出了重要贡献。但在看到成绩的同时，我们也能发现，广西中高职衔接与职业教育发达省份相比也存在一些不足。

（一）中高职衔接机制还不够完善，职业教育结构仍需适应市场需求

中高职衔接的根本目的是突破中、高等职业教育自成系统的教育形式，发挥中职、高职教育的资源和办学优势，整体设计人才培养方案，统筹安排教学内容，分阶段实施人才培养。从目前广西中高职衔接工作来看，"生源"成了本项工作的焦点，即大部分中等职业学校更多地希望通过中高职衔接来吸引生源；而高等职业院校也仅仅把中职院校作为其储备生源地，因此人才培养基本上还是简单的"中职管理+高职管理"模式，各自"画圈"发展。另一方面，中职和高职在专业设置上有差异，专业目录不统一，专业契合度不高，这也造成了中高职人才培养目标定位模糊，缺乏完善的对接机制来统筹人才培养方案的设置。

从市场供需视角出发，职业教育的目标是培养的学生能满足市场的需要。然而，目前我区职业教育基本上还是孤立发展，与其他教育关联度不大，各层次职教结构独立存在，基本上还是"终结性"教育，与终身教育理念和社会发展相悖，既不能满足社会发展的需求，不利于经济发展对岗位人才能力要求的不断提升。当前全国经济都正面临着重要的转型，经济结构形态由高碳产业转向低碳产业，新能源产业、环保产业、新一代产业以及绿色制造业、现代农业等新型产业兴起，都对职业教育提出了新的要求。这些新型产业对人才结构的需求发生转变，不但要求生产管理服务一线的人员掌握先进的技术技能，而且对技能人员的技能水平层次要求也相应地提高，产业发展急需高素质高技能人才。因此，社会对人才的要求越来越高，对学生受教育水平的从业"门槛"也相应地提高了，原来中高职毕业生能够胜任的岗位，现在也提升了要求。需要进一步提高人才的技能层次，学生也迫切要求增加连续学习的渠道。

调查中发现，当前职业教育结构阻碍教育发展，降低了职业教育的吸引力。很多人认为学生至少要达到高职以上学历才能有利于学生的职业发展，很多中职学生也期望通过高等职业学校继续学习，甚至还期望通过职业本科或普通本科继续学习，但调查发现很大部分学生因职业教育没有继续升学的渠道或者升学渠道非常有限而放弃就读职业教育学校。

广西当前的职业教育结构与社会和人的发展相悖，广大学生继续学习的渠

道较窄，现有的职业本科教育刚刚试点起步，高职生如果想要继续升学，基本上都只能转向普通教育，学生的职业教育生涯就此终结。现有职业教育的层次水平已经不能满足学生职业发展的需要，这既违背了教育要促进人的全面发展的教育理念，也无法保证学生继续追求更高知识技能水平的教育权利，现有的中高职衔接机制和职业教育结构亟须改革与调整。

（二）中高职衔接深度不够，一体化发展特色不明显

从区外调研看，好的中高职衔接有以下特点：在管理上，都是以高职院校为主导，高职院校与中等职业院校共同设计招生制度、人才培养模式、评价方法、转段要求，实现管理过程的有效衔接；在教学上，合理发挥中职院校教师娴熟的技能，高职院校教师扎实的理论特点，统筹制订专业教学计划，合理分配教学工作任务，实现师资优势互补；在课程上，应以职业岗位能力要求及职业能力形成逻辑为依据，对相同或相近的任务和能力进行合理归并，构建分段培养的模块化课程体系。而在广西中高职衔接中，部分高职院校在制度设计、师资安排、课程体系建设等方面发挥的主导作用还不够，有些还停留在两校只为招生、就业而开展的浅层次的交流沟通层面，缺乏学校层面的实施性管理制度的交流，还没有从教学管理、学籍管理、专业人才培养计划管理等方面与中职学校深入对接；另一方面，由于缺乏深层次合作，中高职师资队伍之间没有协同，存在沟通不畅问题，从而导致课程设置、课程体系建构、课程内容建设、课程教学方式方法等方面相互独立，未能产生协同效应，中高职衔接一体化特色不够明显。

（三）中高职衔接中企业参与度始终不高

中高职一体化开展职业教育的关键在于人才培养方案是否贯穿于整个职业教育的始终。因此，欲打通中高职衔接"立交桥"，形成有效的衔接体系，那么一套合理可行并符合企业岗位能力要求的专业人才培养方案显得尤其重要。

目前，广西职业院校在制订专业人才培养方案时大多都忽略了企业参与的重要性，能够因校制宜、因专业而异、因学生而定，结合中高职院校自身的办学资源，整合职业教育共同体的平台优势，最大限度地发挥企业作用，将课程设置、课程难度、课程时长、技能任务等教学内容与企业实际岗位需要密切结合，合理分工制订专业人才培养方案的学校仍属少数。

（四）专业育人平台单一，未能实现中高职生源同招共享与师资队伍共建

1. 生源整体不足问题

中高职院校近年来关于生源短缺的负面报道已屡见不鲜，除了适龄入学人口比例下降的因素外，一些比较突出的社会问题同样造成了不小的影响。

在中职阶段，有相当一部分应届中职学生心智不够成熟，一方面，学生自身缺乏对未来人生和职业发展的规划；另一方面，个别学生较差的思想素质和行为习惯又给学校名声带来巨大冲击，使中职学校陷入了"生源差→招差生→生源更差"的恶性循环中，影响了其社会口碑和招生效益；而在当前社会中部分家庭对职业技术教育存在歧视现象，他们不顾自己孩子的学习能力和兴趣爱好，宁可多花钱挤进普通高中，也不愿接受中等职业教育。同时，一些学生由于家境原因或是被亲友利诱，初中毕业后就到经济发达的地区务工，当他们受到一定的劳动收入刺激后，基本就放弃了继续升学读书的念头。

在高职阶段，当前高职院校通过推行单招和对口考试制度，使招生人数有所提高，但相对庞大的中职毕业生群体而言，二者人数仍然相差甚远。

2. 师资队伍建设问题

每个专业的建设和发展都离不开教师团队的支撑，没有足够数量和质量的师资队伍，势必影响专业的稳定与发展，更谈不上进一步开展中高职衔接工作了。

因受经济相对落后因素的影响，师资短缺是现阶段广西职业院校普遍存在的问题。同时，师资培养是任何职业院校都不能忽视的焦点环节，它关系到教学质量的好坏与人才培养的成效，特别是，广西职业院校的专业教师多数是从学校毕业就直接进入学校工作，普遍存在"理论较多、技能偏弱"的问题，对职业教育的理解往往也较浅薄。

与此同时，广西中高职院校开展师资队伍的共建机制尚欠完善，各院校在教师培养质量、学习培训制度、培养培训体系等方面仍存在较大屏障，未能充分利用一体化平台资源进行共享共建。因此，时常会出现诸如教师队伍活力不足、年轻教师实践技能滞后、外聘兼职教师质量不高、中职教师无法开展衔接教学等一系列问题。

（五）中高职衔接课程标准不够明确

中高职课程衔接是现代职教体系建设的核心。如果在课程层面不能体现中高职的层次性和衔接性，就很难依托中高职衔接，培养出兼具扎实专业理论知识与娴熟的技术技能型人才。广西中高职课程衔接基本上是中职以中职的课程标准、高职以高职的课程标准进行培养的。同一门课程，中职学生要学到什么程度，高职学生要学到什么程度，都是由学段院校各自制定的，中高职衔接的学生要学到什么程度，往往缺乏体系化的设计，基本上都遵从于普通的课程标准，分段培养的课程标准并不明确，使得学校和教师多少有些无所适从。

二、广西中高职衔接中存在问题的原因分析

（一）国家发展职业教育的政策引导还不够

前几年，在全国职业教育体系建设中，政府职能定位尚存在一定的缺失，政府没有建立起与经济社会发展及人才培养相适应的职业教育体系，直至2019年《国家职业教育改革实施方案》（以下简称"职教20条"）颁布后，政府在职业教育领域进行了大胆改革。

我国职业教育相对于经济发达国家发展较晚，没有现成的经验可取。中等职业教育在1949年后经历了不断调整、整顿、充实、发展，逐渐壮大，随后受"文化大革命"影响，我国职业教育发展举步维艰，改革开放后我国开始大力发展职业教育。20世纪90年代为适应经济发展，国家在职业教育层次上发展了高等职业教育。2019年，国家开始开展本科层次职业教育试点，逐步开始关注职业教育的结构变化，由于我国国情，我国职业教育的发展没有现成的经验，只能在不断的探索中积累经验。

国家政策的制定推动了职业教育的规模与数量的发展。20世纪80年代起我国陆续颁布职业教育发展的相关政策。1985年的《中共中央关于教育体制改革的决定》提出调整中等职业教育结构，大力发展职业教育。1998年《面向21世纪教育振兴行动计划》中提出要加快高等职业教育的步伐，探索多种招生办法。2005年《国务院关于大力发展职业教育的决定》明确职业教育改革的目标，指出到2010年，中等职业教育招生规模达到800万人，与普通高中招生规模大体相当；高等职业教育招生规模占高等教育招生规模的一半以上。广西在《国务院关于大力发展职业教育的决定》的指导下，提出从2016年开始，中等职业教育招生人数每年增加。在国家优惠政策的帮助下，职业教育招生数量与普通教育保持大体相当，高等职业教育随着高等教育大众化的发展也有了突飞猛进的发展。

以往出台的文件对大力发展职业教育的指导，主要是对办学规模的数量上有所限定，但对如何使职业教育体系做到无缝衔接并没有做具体的规定，而现实中国家控制本科层次的发展规模与比例，不仅要控制发展规模与比例，招生与培养要求也要经过国家教育部门审批，省级教育部门不具有审批权力，绝大部分中等职业教育的学生不能进入高等职业学校学习，职业教育学校不能与普通教育学校沟通，职业本科教育还没提上议事日程，职业教育在纵向与横向结构上没有沟通渠道和桥梁，职业教育政策的不完善造成了职业教育上下不成体系，左右互不沟通，没有具体可行的贯通职业教育体系建设的措施。中国关于

职业教育的政策大多是以"决定""意见""办法"等形式出台，导致办学主体在具体实施过程中，只注重眼前利益，而忽视整个职业教育的可持续发展，阻碍了构建职业教育体系的进程。职业教育管理体制割裂，前几年，我国中等职业教育归属于职业教育与成人教育司，而高等职业教育作为普通高等教育的一类归属于高等教育司。由于历史原因，技工、技师类的职业教育归属于人力资源和劳动与社会保障部门主管，职业教育与成人教育司负责中等职业教育、全国普通及成人中等职业学历教育的统筹管理，指导中职的各项工作，而高等教育司统筹管理高等教育，在当时负责研究制定相关方针、政策、法规和文件，推动高等职业教育的改革与建设以及高等职业教育的各项工作。由于中职与高职管理部门的相互独立，教育与劳动部门主要管理中心任务不同，在制定相关政策时可能会忽视职业教育的连续性及职业教育的可持续发展，阻碍职业教育体系的完善，最明显的差别就是在专业体系或者说专业目录上，中职、高职、技工学校之间均有差异，虽然这几年职业教育统一归口到职业教育与成人教育司，先后推出了新的专业目录、专业标准，开展了本科层次职业教育试点，努力打通职业教育的"断头路"，但历史遗留的问题仍严重影响着当前衔接体系的构建。

（二）传统观念对职业教育有偏见

现阶段，受传统教育思想的影响，不管是国家政府还是民众对于普通教育和职业教育都还存在着厚此薄彼的观念。社会上很多人有着"学而优则仕""劳心者治人，劳力者治于人""重知识，轻技能"等传统观念，职业教育被一部分视为"次等教育"。过去几年，广西在招生上还主要以中考、高考作为职业教育的选拔渠道，考试内容也多以普通教育的课程大纲为考试内容，侧重于对传统文化基础知识的考核，而缺乏对职业技术技能及实践操作内容的考核。这对于选拔职教人才显然不公平。只有在高考、中考中失利落榜、被本科学校录取剩余的学生迫不得已才会进职业院校，所以才使人们认为次等生才会进入职业教育院校。若不改变人们心中对职业教育的偏见，长此以往，恶性循环，最终必将影响职业教育的发展。

在对职业教育的发展上，前期国家和广西都采取照搬普通高等教育模式。比如，不少高等职业院校的课程设置以传统学科为中心课程体系就是受普通教育的影响，调查中发现部分高等职业院校的课程设置的普通本科院校，课程设置失去了高等职业院校的办学特色，使职业教育的高等层次阶段的教育成为低于普通高等教育层次的一类办学层次。

前几年，国家对于职业教育建设的重视程度不如普通高等教育，因此职业教育并没有像普通高等教育那样，形成多元化的人才观。正因如此，我们要迫切纠正社会对职业教育的偏见，让社会看到职业教育在人才培养上的不可替代的功能，以及在应用型、技术技能型人才培养上的教育成果，使职业教育体系与普通高等教育齐头并进，为社会协调发展培养各类人才。"职教20条"的颁布及国家开始开展本科层次职业教育试点让这个想法成为可能。

（三）缺乏适应中高职衔接的课程标准及相关研究

课程标准是对学生完成一定教育阶段后的结果进行的具体描述，它是对教学质量应达到某一阶段的教育水平所设立的具体指标，可以作为课程教学实施、教学管理与教学质量评价的基础，也是课程教材的选用与编写以及考试命题的依据。当前广西乃至全国的职业教育，虽然教育部陆续出台了中职、高职专业教学标准及部门课程标准，但各学校在课程标准落地和执行教学计划、教学大纲、教学基本要求时都还是各自为政，因循守旧，缺乏相互沟通统筹，使得职业教育中高职课程的标准断裂，缺乏一个权威的职业教育各层次结构间的课程标准体系。这就造成中高职课程在教学实施过程与评价中，没有一个统一的衡量标准，职业教育的课程衔接没有层次上的衔接，出现了很多问题，如中职课程的设置与实施不受高职课程的限制与影响，各层次、各类别的职业教育对课程随意安排，课程结构是否合理、课程层次、教学质量能否保证均各自为政，缺乏从职业教育整体结构和层次上的考虑。

职业教育规模飞速发展，对于日益扩大的规模如何与中国特色现代化的要求相适应这一问题仍缺乏专门的研究，如缺乏对职业教育课程层次标准的研究，职业教育各层次之间的逻辑关系以及每一级层次与后续层次之间的衔接与发展等问题的探讨。职业教育缺乏适应中高职深度衔接的课程标准及研究，阻碍了职业教育体系各结构之间的课程衔接，招收的生源质量水平不一，增加了职业教育课程管理乃至整个学校管理的难度，也使整个职业教育缺乏人才培养的可执行、可衡量标准。

（四）企业参与职业教育的积极性不高

广西中高职衔接深度不够，根源在于校企合作的纽带作用没有发挥出来。目前广西校企合作普遍存在的问题是"学校热、企业冷"。往往是职业院校根据需要主动联系企业提出合作建议，企业根据自身条件决定是否合作。

究其原因，主要有三个方面：一是许多企业认为，参与职业院校人才培养会导致企业成本增加，且在短期内不能给企业增加利润，企业缺乏参与的动力。二是很多可合作的企业缺乏长远的战略规划，他们更多考虑的是眼前的短期利益，短期结果是决定他们是否和高校合作的主要因素。相对来说，在校企合作中学校考虑得更多的是希望能够建立长期、稳定的合作关系。三是合作企业对产教融合的需求变数大，存在较大的不确定性。职业院校能够选择的合作对象大多是中小型企业，这类企业由于资产数额较小，相对而言经济和运营能力较弱，受市场和宏观经济波动的影响较大。当宏观经济向好时，他们与学校合作的积极性较高，但遇到宏观经济形势低迷时与学校的合作关系往往就会受到考验，导致双方合作关系较不稳定。双方在利益诉求方面存在的突出矛盾，也在一定程度上弱化了企业一方建立合作的愿望。这些原因也导致企业不愿意深度参与职业教育，想借助其来串联中高职一体化衔接办学就难上加难。

第三章　广西中高职衔接路径分析

第一节　政策支持

一、广西中高职衔接政策的发展与演变

广西的中高职衔接归纳起来主要分为三个阶段：

第一个阶段是20世纪80年代，广西提出了发展高等职业技术学院，也提到了高等职业技术学院要优先对口招收中等职业学校的毕业生，这为中职生进入高职院校提供了政策支持，为中高职衔接的实践奠定了基础，但并没有对中高职的衔接工作做出明确的安排，这个阶段中高职的衔接只是初步形成。

第二个阶段是20世纪90年代，随着我国高职教育的不断发展，广西的中高职衔接发展也比较顺利，但是这时普通高校不断地扩招，因此造成了中等职业教育的生源上出现了严重的流失，这给中职教育的发展带来了很大的挑战。后来，广西也出台了一系列支撑职业教育发展的政策，如《试行按新的管理模式和运行机制举办高等职业教育的实施意见》等有力地推动了广西的中高职衔接，加大了中等职业教育发展的空间。

第三个阶段是进入21世纪后，广西提出的关于构建现代职业教育体系的政策真正放宽了对中职升高职的限制，提高了中职毕业生进入高职院校学习的比例，并且在一定程度上提高了高职学生进入本科教育的比例，增加了五年制的高等职业学校学生的规模，允许高职院校单独组织对口招生等都对中高职衔接提出了具体的规定和指导，广西中高职衔接迎来了一次重大转折。特别是规定了中职学校不能升格为高等职业学校或者高等院校，这一政策的出台为中等职业教育的发展提供了新的发展高度和平台，从政策的平面上规定了中职教育的主要发展方向。广西顺应国家一系列关于中高职衔接的利好政策，在国家相关政策的指导下，出台了相关"通知"和"意见"，有力地促进了广西职业教

育的快速发展，中高职的衔接程序也逐渐得到了优化。

二、广西中高职衔接政策创新

尽管广西在不同时期出台和颁布了关于中高职衔接的各种政策和文件，但是其中仍然还是存在一定的问题和不足，主要有两个方面：第一，广西的中高职衔接还缺乏专门或者权威的直接政策，且所出台的政策不具备很强的延续性，在表述方面还比较模糊；第二，关于中高职的衔接反馈和监督方面还比较缺乏。

广西的教育主管部门必须在以上两方面加以改进。不但要提高政策制定者的能力，还要规范中高职衔接政策制定的程序，提出具体的实际目标，既不能理想化，也不能模糊和笼统。另外，还要提高政策执行的质量，要对政策的执行进行定期的培训和教育，帮助他们掌握获得执行政策的途径、方法和手段，培养正确的价值观。同时，还要建立健全政策反馈机制，减少甚至避免在政策执行过程中出现有误或者随意执行的现象。可以通过"监督—反馈—评价"的办法、定期发布监督反馈报告等形式，更好地发现政策在执行过程中出现的问题，及时解决问题，从而达到政策制定的预期效果。

（一）政府层面的衔接政策

1. 提供稳定的政策支持和创新制度设计

完善职业教育在教育层次衔接贯通方面的政策体系建设，形成完整的职教体系，规范职业教育纵向衔接沟通过程中各部门的责、权、利关系。政府还要对相关衔接政策加大宣传力度并监督相关部门的执行情况，为职业教育的衔接提供环境保障。与此同时，改革现有招生制度、完善学生转学和学分银行制度，逐步建立顺畅的"中职→高职→应用技术型本科→专业硕士→专业博士"各层次的职业教育体系，及"中职→高职→普通本科→学术型硕士→学术性博士"等相互联系的"立交桥"，提高职业教育的吸引力。

2. 建立多样化的招生考试评价制度

加强政府的统筹管理和政策导向，引导鼓励各院校创新招生考核方式，探索职业教育衔接招生考核的最佳模式，完善中、高、本衔接的考试制度建设。加大高职院校单独招生制度的改革力度，鼓励高职院校根据生源来源渠道的不同，实行注册入学、"专业理论+专业技能""综合素质+面试"等多种选拔形式的招生制度改革，扩大面向中职的招生规模和比例，选拔优秀中职毕业生入学就读。教育主管部门要坚持规范管理，确保考试制度及过程的公平公正，保证各个阶段的衔接招生考试具有持久的生命力，确保考核衔接顺利进行。

3. 规范职业教育衔接管理机制

建立由政府部门、教育部门、中职学校、高职学校、企业代表等部门人员组成的职业教育管理委员会。建立职业教育衔接工作联席会议制度，共同研讨企业就业岗位对中高职各个阶段学生应具备的职业能力的要求，制订中高职业教育衔接、贯通的人才培养方案和教学标准，协调不同层次的职业教育要求合理配置职业教育资源，整合和发挥职业教育系统功能。合作院校双方也要根据衔接办学的实际，组建教学管理小组，制定负责人，共同研究解决两个阶段教学管理和学生管理中出现的相关问题，确保衔接工作卓有成效。

（二）学校层面的衔接政策

1. 规范职业教育管理，建立衔接生源教学管理制度

学校应建立衔接生源教学管理制度，将学生合理分配到各个班级，制定单独的人才培养方案和教学标准，根据学生的特点因材施教，实施个性化培养。此外，联合中职、高职、合作企业及第三方的社会评价机制，共同构建贯通中高职的一体化教学质量评价体系，对教学质量的提升起到积极的引导和监控作用。

2. 促进教学要素衔接互动，建立学校间的沟通合作制度

学校间要积极进行沟通合作，促进各种教学要素相互衔接，建立统一的教学规划和相互衔接的课程体系，健全衔接专业的课程标准、学分转换制度，实现各阶段教育之间的互动和沟通。

第二节　机制创新

一、机制的基本概念

"机"的意思是设备，包括机械及机械装置。"制"就是机械及机械装置各零件之间的关系，包括各零件间相互联系、相互作用。机制是指在各项工作或运行系统中，系统内的各要素间的相互制约、相互联系而形成的关系形式。例如制度是人们办事的规则或为了实现一定目的的约定，那么制度的坚持就形成了一种工作形式，即工作成了一种机制。

中高职衔接机制是中等职业教育子系统及其各类构成要素以及高等职业教育子系统及其构成要素，在严格遵循一定指导规则的条件下实现的，具备相互衔接特点的业务运行方式。作为现代教育系统的衔接机制，其实际运行过程需要严格遵循一定的教育事业发展规律和系统规律。

二、广西中高职衔接的机制缺陷

(一) 观念问题

目前各中职院校中直升入高职的学生，与高考进入高职的学生在一个班级里学习，由于这两类学生的基础不一样，素质也不同，因此，存在着任课教师认为中职学生基础差、理解能力差、不好管理的问题。这种观念使得高职院校不愿意招收中职学生，中高职对接困难重重。这个问题可以采取不同类别的学生采取分班教学，因材施教的方式来解决。

(二) 利益问题

中高职院校都是职业教育办学的利益方，在中高职对接合作的过程中，中高职学校都不够积极。对中职学校来说，学生升入高职学校，解决了部分中职生的就业问题，同时也提升了学校的社会影响力，但目前广泛使用的"2+3"对接学制，使中职院校不能收取学生第三学年的学费，其学费收入降低，因此中职院校的积极性不高。对高职院校来说，招收中职院校的学生就是解决生源问题，但由于中职院校的学生基础较差、学习习惯较差，教学难度大，所以高职院校的积极性也受到影响。

(三) 专业设置问题

专业设置的对接是中高职对接的基础，这决定着中高职教育在培养目标、课程体系衔接上能否得以顺利实现。但目前的情况是中高职教育专业目录设置的各不相同，这使得中高职对接的难度增加。

(四) 课程结构问题

课程对接是中高职对接的核心。中高职院校要想有效对接，必须在专业设置及课程体系上进行顶层设计、专业对口设置、课程体系对接、课程内容衔接，实现知识与技能的螺旋式上升，只有这样才能真正打造职业教育的"立交桥"。但目前存在的问题是，中高职学校各自构建自己的课程体系，与高职教育在课程体系和课程内容上，或是错位严重，或是内容重复，不利于学生的后续学习，也不符合学生的认知规律。

三、广西中高职衔接的机制创新路径

(一) 政府统筹，改善提升中高职教育的开放性

广西壮族自治区政府可以通过加强统筹，在招生、人才培养、实习实训基地共享等方面加强中高职衔接、中职与技工教育融通。如 2015 年，广东省教育厅印发《厅属职业院校中高职一体化改革实施方案》，在坚持行政主导与学

校意愿相结合、专业接近与地缘靠近相结合的基础上，引领厅属中职学校、高职院校开展一体化改革，结对开展一体化育人。又如，在自治区政府的统筹下，自治区教育厅、自治区人社厅定期召开工作对接会，共同就统筹职业教育发展、高层次人才引进、大学生就业创业、数据信息交换共享、技工院校建设等工作进行充分沟通与积极交流，打通中职教育与技工教育管理的条块分割状况。应当积极做好在基本业务运作流程方面的相互沟通，分别实现基于发展层次方面的准确科学定位，避免彼此之间在功能层面发生相互重叠问题或者是相互冲突问题。另外相关部门应当强化在人才培养目标、课程设置、教材编写，以及师资力量配备等方面的交流沟通，避免中等职业学校学生在进入高等职业院校继续学习深造过程中，发生基于教学内容层面的重复和断档。

（二）做好教育培养目标的相互衔接

广西在实现中高职教育衔接目标过程中，必须结合具体工作开展过程中面对的实际情况，做好基于教育培养目标层面的相互衔接。

遵照《教育部关于推进中等和高等职业教育协调发展的指导意见》，中等职业学校的教育培养目标在于输出一般性技能型应用人才，发挥基础性作用；而高等职业院校的教育培养目标，则在于输出高端技术技能型应用人才，发挥引领性作用。

广西现有中等职业学校中的各专业教学单位，在制定执行在校学生教学培养工作方案的过程中，要注重实现对公共基础课程和专业基础理论课程的系统化和规范化教学呈现，在培养发展广大学生的基础性专业实践技能条件下，为学生进一步开展学习深造活动，以及未来职业生涯的良好优质成长发展构筑支持条件。

广西高等职业院校各专业教学单位，应当在制订教学培养方案过程中，注重做好针对广大学生的专业理论知识深化与拓展教学，且在此基础上，致力于全面系统建构培养学生的专业实践活动能力，确保学生在未来走上对口专业相关工作岗位之后，能够展示出稳定且充足的工作胜任能力。

（三）实现教学培养方案和课程内容体系的相互衔接

广西在实现中高职衔接目标过程中，应当在做好教育培养目标的相互衔接工作基础上，有针对地实现基于教学培养方案层面和课程内容体系层面的相互衔接。

广西现有的各所中、高职院校，应当积极探索和建构符合本层级职业教育发展特点的教学培养方案，以及课程教学内容体系，在充分关注现实社会就业市场环境对应用型技能人才提出的基本需求条件下，确保本地区职业教育事业在运作发展过程中，能够切实获取到最优化的预期效果。

（四）强化教师队伍培训力度

为支持广西中职学校与高职院校办学衔接工作在具体开展过程中顺利获取良好效果，应当针对广西各级职业院校现有教师队伍开展形式适当且内容适当的业务培训干预，引导和促进广大教师充分认识开展中高职教育衔接工作对职业院校在校学生综合性成长发展质量的影响，以及中高职教育衔接工作开展过程中应当完成的基本要点，确保自身实际参与实施的中高职教育衔接工作，能顺利达到最优化的预期效果。

（五）注重做好教学方法相互衔接

为支持广西中职院校与高职院校办学衔接工作在具体开展过程中顺利获得良好效果，应当引导促进广西各级职业院校任课教师，在日常教学活动中，注重做好基于教学方法层面的相互衔接和相互递进，在引入运用多种多样教学方法的实践背景下，帮助学生实现对专业理论知识和专业实践技能的双重掌握。

（六）构建中高职衔接一体化办学平台

加强校企合作，建立区域性职（产）教联盟或职教集团，是构建区域中高职衔接一体化办学的主要途径和方法。要按照"政府主导，学校主体，行业指导，企业参与"的原则，以广西支柱产业和新兴产业为纽带，加速推进广西职业教育规范化、集约化发展进程，促进职业教育"政产学研"一体化合作，推动职业教育走"社会需求与办学目标相结合、产业发展与专业建设相结合、教学内容与生产过程相结合"的办学道路，提升职业教育发展水平，扩大职业教育品牌效应，实现"中职升学需求、高职生存需求、企业人才需求"的职（产）教联盟或职教集团的建设目标，积极构建中高职衔接一体化办学平台。

通过这些平台，可以广泛开展校企和院校之间的深入合作，整合和优化校企各方资源，实行中高职人才培养目标、人才培养方案、课程体系与教学内容、技能培养和考试方式等各方面对接，有效利用教学资源，共享职业院校师资，实现职业教育与市场需求的有效对接，协调平台内职业院校的专业结构，调动行业企业和职业院校等各方面的积极性，不断提高人才培养质量，更好地集约发展职业教育，服务地方经济。

第三节　招生模式分析

与普通教育相比，高等职业教育具有显著的职业特点，职业性是其核心概念，其落脚点在工作过程，即这一类职业工作的方式、方法、工具运用及内容组织。而普通本科教育更侧重于其学科知识的系统性、结构性，其侧重点在于理论知识的构成范畴、知识结构、内容完整性和理论发展等。因此，高职教育与普通本科教育不同的特性，决定了高职教育与普通本科教育不同的人才观、能力观、教育观，其招生考试制度也应有所区别。

一、我国高职教育招生模式及其优缺点

从我国高职招生的发展历史来看，目前我国经历了统一招生阶段和分类招生阶段。

统一招生阶段。这一阶段的大致时间为 20 世纪 70 年代到 21 世纪初。1977 年，我国恢复高考制度，本科和专科教育同时恢复。1978 年，在天津、无锡等城市开始试办高等职业教育，但当时的职业教育主要效仿本科的模式，办学模式和招生考试均与普通本科教育基本一致。到 1994 年，第二次全国教育工作会议明确提出通过现有的职业大学、部分高等专科学校或独立设置的成人高校改革办学模式，调整培养目标来发展高等职业教育，仍不满足时，经批准利用少数具备条件的重点中等专业学校改制或举办高职班作为补充来发展高等职业教育。由此我国高职教育开始扩大规模。1999 年，教育部、国家发展计划委员会发布《试行按新的管理模式和运行机制举办高等职业技术教育的实施意见》，明确提出我国职业教育由短期职业大学、职业技术学院、具有高等学历教育资格的民办高校、普通高等专科学校、本科院校内设置的高等职业教育机构（二级学院）、经教育部批准的极少数国家级重点中等专业学校、办学条件达到国家规定合格标准的成人高校等承担，开始六类主体同时办高职教育，并结合高校扩招，高职教育得到了前所未有的发展机遇。特别是从 1999 年开始的高校扩招、2006 年的国家示范性高等职业院校建设计划和 2010 年的国家骨干高职院校建设计划，高等职业教育实现了从量的扩张到质的飞跃转变。此时，原来效仿本科教育的招生考试严重制约了高职教育的发展，高职招生分数不断下探，生源减少、招生市场乱象丛生。

分类招生阶段。这一阶段的时间是从 21 世纪初到现在。2006 年教育部提出针对高校招生的新思路：高端放活，低端放开，中端稳定。2010 年发布的《国家中长期教育改革和发展规划纲要（2010—2020 年）》指出，要逐步形成"分类考试、综合评价、多元录取"的考试招生制度，高等职业教育入学考试由各省、自治区、直辖市组织。从此，高职教育开始探索多元化的招生模式改革，主要有以下四种模式：

一是继续实施统一高考招生模式，也是目前仍然采用的一种直招高中毕业生模式，其主要特点是国家统一高考命题、统一组织考试，统一确定录取标准并组织实施录取。这一招生模式的优点是保证了生源的文化素质质量，缺点是缺乏对学生的实践应用技能考察，且对部分文化课程得分较低、动手能力强、偏科的学生不利。目前这一招生录取模式录取学生的比例正在逐年下降。

二是单独招生模式。单独招生是指获得教育行政主管部门审批的高校依法自主开展入学测试、自主确定录取标准并实施招生的一种模式。单独招生也是面向普通高中毕业生，与统一高考招生不同的是，单独招生文化素质课程一般采用高中学业水平考试中的语文、数学、英语等三门课程成绩，不再单独进行其他文化素质课程考试，只进行职业适应性测试。如目前的广西公办高职高专院校单独或对口招生联合测试联盟、广西机电职业技术学院、南宁职业技术学院等均采用这种模式单独招生。这一招生模式的优点是给了学生多次选择的机会，强化招生竞争，同时增加了职业能力适应性测试，有利于选拔技能型人才和有利于招生就业一体的订单班人才的培养；其缺点是学生文化素质课基础薄弱，职业适应能力测试局限于书面测试，且测试内容的标准性、公认能力较低。

三是对口招生模式。对口招生与单独招生的程序与方法大体相同，不同在于对口招生主要面向职业高中、中等职业技术学校、中专等院校毕业生（包括"2+3""3+2"考生），考核方式为"文化素质+职业技能"。这一模式的优点是实现了中高职的衔接贯通，缺点是由于各中职、职高、中专设置的课程差异性较大，导致生源质量参差不齐，职业技能测试也仅限于书面测试，测试内容的标准性、公认力较低。

四是优秀推免招生模式。这一模式包括中升高、专升本两个阶段的推荐入学模式，其中中升高由中等职业学校根据规定，按学生在校成绩从高到低或根据技能竞赛获奖条件遴选优秀毕业生向高职推荐免试入学，高升本是由高职院校根据学生成绩从高到低或根据技能竞赛获奖条件遴选优秀毕业生向本科院校推荐免试入学。这一模式的优点同样是实现中高职教育有效衔接，且学生职业能力有一定保证，为学生职业意识和职业能力养成创造了良好的条件，缺点与对口招生类似，因各校差异性较大、控制标准不一，生源良莠不齐。

二、"1+X"证书制度给中高职衔接招生改革带来的机遇与招生模式选择

（一）"1+X"证书制度的内涵

"1+X"证书制度是《国务院关于印发国家职业教育改革实施方案的通知》（国发〔2019〕4号）中提出的。《国家职业教育改革实施方案》提出：

从 2019 年开始，在职业院校、应用型本科高校启动"学历证书+若干职业技能等级证书"制度试点（以下称 1+X 证书制度试点）工作。"1+X"证书制度的内涵有以下三点：

1. "1+X"证书制度就是学历与能力并轨的证书制度

根据《国家职业教育改革实施方案》，"1+X"证书制度就是"学历证书+若干职业能力证书"制度，是鼓励职业院校学生在获得学历证书的同时，积极取得多类职业技能等级证书，拓展就业创业本领，缓解结构性就业矛盾的一种制度。从原文的解读来看，职业教育与学术教育在证书管理上存在明显差异。根据《中华人民共和国教育法》第二十二条、二十三条，"经国家批准设立或者认可的学校及其他教育机构按照国家有关规定，颁发学历证书或者其他学业证书""学位授予单位依法对达到一定学术水平或者专业技术水平的人员授予相应的学位，颁发学位证书"，因此，学术教育实行的是"学历证书+学位证书"制度，强调的是学习经历和学术水平。而根据《中华人民共和国职业教育法修订草案（征求意见稿）》第八条"实施职业教育应当根据经济和社会需要，结合职业分类、职业标准等，实行学历证书、培训证书、职业资格证书以及体现职业技能等级的证书制度"，第四十五条"接受职业学校教育的学生，达到相应学业要求，经学校考核合格，发给相应的学业证书，符合条件的，取得相应的职业资格证书和体现职业技能等级的证书"。结合《国家职业教育改革实施方案》和《中华人民共和国职业教育法（修订草案）》，职业教育即将实行"学历证书+若干职业技能等级证书"制度，届时将更强调学生在获得学习经历的同时，应具有一定的职业技术能力。因此这是一种学历与技术能力并轨的制度体系，也符合职业教育培养高层次应用型人才的特点。

2. "X"证书制度是一个基于标准化的能力资历框架

职业技能等级证书制度是从 1994 年《中华人民共和国劳动法》颁布后确定的。根据《中华人民共和国劳动法》第八章第六十九条，"国家确定职业分类，对规定的职业制定职业技能标准，实行职业资格证书制度，由经备案的考核鉴定机构负责对劳动者实施职业技能考核鉴定"。自 1995 年启动国家职业分类以来，职业分类经历 2009 年、2015 年两次分类修订，基本确定了比较系统、科学的职业分类、资格标准和证书开发体系。根据 2015 年版《中华人民共和国职业分类大典》发布的情况来看，其遵循了客观性、科学性、开放性三大原则，通过对职业标准结构的改造，将技能分为通用技能、特定技能和核心技能三大模板，并按技能层次，确定和制定行业通用技能标准、特定技能标准和核心技能标准，能有效满足全社会职业教育培训和考核的不同需要，提高职业标准的适用性和开放性。

3."1+X"证书制度就是要实现学历证书与职业技能证书的有效衔接

从目前的技能等级证书来看，从纵向维度主要分为初级技能、中级技能、高级技能、技师、高级技师。而根据《国家职业教育改革实施方案》提出的未来将"推进资历框架建设，探索实现学历证书和职业技能等级证书互通衔接"，由此，职业教育预期将构建一个多层递进的"学历+技能"资历框架（见图3-3-1）。

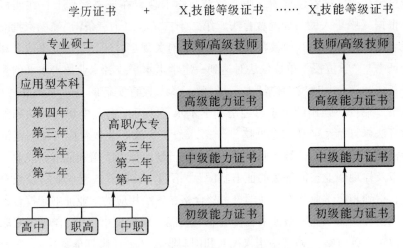

学历证书 ＋ X_1技能等级证书 …… X_n技能等级证书

图3-3-1 "学历+技能"资历框架示意图

如图3-3-1所列的"学历+技能"相互衔接的资历框架，由此将引申出以下几点：一是职业分类和职业分类标准必须获得政府、学校、行业、企业的广泛认可，才具有公证力和影响力，这一点目前国家组织制定的《中华人民共和国职业分类大典》已具备一定的基础。二是学校依据职业分类设置专业，依据职业能力标准开发基于工作岗位和职业能力的能力本位课程；三是专业教学、技能培训、课程考核、技能鉴定以职业分类及能力标准为依据，实现考核的国家标准化。

（二）基于"1+X"证书的招生考试模式的建议

从学历证书制度过渡到"1+X"证书制度，是职业教育向深层次的应用型技能人才培养教育在制度层面的转型升级，必然会推动中高职衔接教育招生制度的改革。结合国家"1+X"证书制度改革，在招生模式的构建上，应采用"学校综合考核文化素质+社会机构考核鉴定职业技能水平"模式：将在校综合课程成绩纳入基本素质测评，将社会机构开展的技能考核纳入职业能力测试，综合两个成绩作为高职教育招录依据（见图3-3-2）。

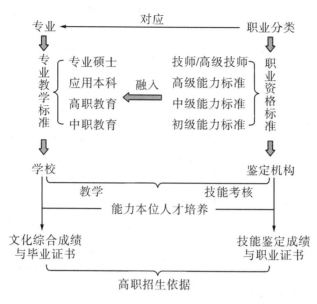

图 3-3-2　中高职衔接招生模式图

职业资格标准由于具有公信力，且技能鉴定机构有专业人才和设备、场地开展专业技能鉴定，技能测试成绩效度和信度均比目前的招生模式要优，更有利于选拔人才、培养人才。采用职业资格标准的同时，融合职业标准的模块化教学，也更有利于引导中高职院校开展教学工作。

三、实施基于"1+X"证书制度的中高职衔接招生模式的路径分析

（一）建立"X"考核国家标准，完善职业能力测试

《中共中央关于教育体制改革的决定》中明确规定高职教育要优先对口招收中等职业技术学校毕业生以及有专业实践经验、成绩合格的在职人员入学。中高职衔接教育成为我国现代职业教育发展的基本趋势和发展目标，而要实现这一目标，首先必须要进行的是招生制度改革。为此，国家应在开展分类评价招生制度，也探索了自主招生、单独招生等招生模式，但由于这些模式在文化素质和职业能力上均欠缺国家标准，缺乏公信力，招收的生源也良莠不齐，无法适应"1+X"证书制度改革需求。而"X"证书是基于国家职业分类和职业能力标准开发出来的，因此可以开发"X"证书的国家职业能力测试标准，完善职业培训和职业人才能力培养评价机制，确保考核公平、公正、有效，这一机制的完善也能解决目前各校单独招生、自主招生的评价标准科学性、有效性

不足的问题。

（二）建立"综合文化素质课程成绩+职业能力证书成绩"多样化的考核评价机制

考核评价多样性已成为高等教育大众化的必然选择。《国家职业教育改革实施方案》指出，政府将推动职教高考制度，完善"文化素质+职业技能"的考试招生办法，提高生源质量，为学生接受高等职业教育提供多种入学方式和学习方式。而如何在推动考核评价多样化的同时保证招生质量，需建立"1+X"证书制度，如开展推免入学、技能竞赛优异者免试入学等。因为在中职或高职阶段，已经获得相应的学历证书和若干专业岗位领域内的对应职业技能等级证书的学生，在统一的国家标准测试中能充分证明其学业能力，避免各校的差异性，能有效保证招生质量。而采用"综合文化素质课程成绩+职业能力证书成绩"进行综合评价的单招或自主招生，因"1+X"证书制度的科学性、公平性、公正性，有利于降低成本，提高招生效率，而"X"任意组合，可以从单一性的招生需求向多样性的招生需求转变，也利于后续课程从"基于教"向"基于学"转变，有利于学生成才的方向转变。

（三）建立"X"证书招生认定管理办法，完善招生录取模式

从我国目前的招生考试模式来看，目前的招生考试管理集中在招生考试院统一组织和管理，集中高职自主招生、单独招生、普通高考、研究生招生等考试于一体，管理的精细化程度不够，未能对中高职招生进行完善的顶层设计、统筹规划和综合协调，造成条块分割，沟通不畅，在录取评价机制上也存在种种问题，现代职业教育体系没有形成，中高职衔接错位。因此，在当前的中高职衔接招生考试制度中，需要成立专业的招生考试机构，对"X"证书管理制度进行分析，建立"X"证书招生管理办法，引导学校对考生进行知识、技能水平的测试。

第四节　专业建设

一、现代职业教育体系对中高职衔接专业建设的要求

现代职业教育体系建设的落脚点之一是中高职衔接的专业建设。《国家中长期教育改革和发展规划纲要（2010—2020年）》明确提出建立"中等和高等职业教育协调发展的现代职业教育体系"。《国务院关于加快发展现代职业教育的决定》指出推进中等和高等职业教育紧密衔接，适应经济发展、产业

升级和技术进步需要，建立专业教学标准和职业标准联动开发机制。推进专业设置、专业课程内容与职业标准相衔接，推进中等和高等职业教育培养目标、专业设置、教学过程等方面的衔接，形成对接紧密、特色鲜明、动态调整的职业教育课程体系。全面实施素质教育，科学合理设置课程，将职业道德、人文素养教育贯穿培养全过程。

二、中高职衔接专业建设现状

2004 年 10 月，教育部就高职高专教育的管理问题下发了两个基础性指导性文件，即《普通高等学校高职高专教育指导性专业目录（试行）》和《普通高等学校高职高专教育专业设置管理办法（试行）》。这两个文件是国家指导高职高专学校设置与调整专业、制定人才培养方案、组织教育教学、安排招生、组织毕业生就业以及行政管理部门进行教育统计和人才预测等工作的主要依据，也是社会用人部门选用高等学校毕业生的重要参考。从 2005 年起，高等职业教育的招生、统计等工作均使用该文件作为基础指导性文件。

2010 年 3 月，教育部印发《中等职业学校专业目录（2010 年修订）》。这个文件是国家关于中等职业教育的基础指导性文件，也是中等职业学校设置、调整专业、实施人才培养、组织招生、指导就业以及行政管理部门规划专业布局、进行教育统计和人才预测等工作的主要依据，学生依据该目录选择就读专业、社会用人单位依据该目录选用中等职业学校毕业生。

中高职学校专业目录分类的基础是产业与职业特性，这也是中高等职业教育专业建设的现实基础。中职目录共分 19 个专业大类，分别为农林牧渔类、资源环境类、能源与新能源类、土木水利类、加工制造类、石油化工类、轻纺食品类、交通运输类、信息技术类、医药卫生类、休闲保健类、财经商贸类、旅游服务类、文化艺术类、休闲与体育类、教育类、司法服务类、公共管理与服务类及其他；专业大类之下按职业设置专业，共设 321 个专业；专业下再分专业（技能）方向。

高职目录共分 19 个专业大类，分别为农林牧渔大类、交通运输大类、生化与药品大类、资源开发与测绘大类、材料与能源大类、土建大类、水利大类、制造大类、电子信息大类、环保气象与安全大类、轻纺食品大类、财经大类、医药卫生大类、旅游大类、公共事业大类、文化教育大类、艺术设计传媒大类、公安大类、法律大类；专业大类下设 78 个专业类，如交通运输大类涉及公路、铁道、城市轨道、水上、民航、港口和管道运输等，因同属交通行业，所以作为中类归为一个专业大类；专业类下设 531 个专业。

中高职目录分类的特点是以产业为基础与职业相对接，为中高职专业衔接奠定逻辑起点和现实性基础。中高职专业目录按照产业链、岗位群或技术领域为主要依据，专业大类、专业类结构对应于我国的产业结构和经济格局，职业教育的专业强化了与行业企业的对应关系，服务属性在职业教育上日益突出。

三、中高职衔接专业建设路径设计

基于职业教育直接服务于产业发展的特点，结合国家战略"中国智造2025"，中等职业教育与高等职业教育分别作为不同的个体，借用两个咬合齿轮做形象化标识：一个齿轮代表中等职业教育，另一个齿轮代表高等职业教育，齿轮咬合的部分就是衔接点，即可以实施中高职衔接专业建设的路径。这些路径点包括中等职业教育和高等职业教育的人才培养目标、课程标准、专业师资和专业教学资源等。同时，区域产业发展、市场人力资源需求等因素，对中高职两个"齿轮"咬合的紧密关系有直接影响。依据国家规划的专业目录规格，中高职衔接可在人才培养目标、课程标准、师资、教学资源等衔接点贯通；并依据职业教育办学的原则，紧密适应产业发展，紧密对接社会人力资源，遵循职业教育学生的成长规律，通过"3+2"或者五年一贯制等形式，实现学生从中职到高职学业、技能以及素养的提升。

中高职专业衔接的实现，一方面，要求遵循社会人才需求和技能型人才成长规律，通过中职升高职、高职入本科、本科转专业硕士等多种途径，不断拓宽职业学校毕业生进入高一级院校继续学习的门路和渠道，搭建终身学习的"立交桥"；紧贴产业转型升级，不断优化专业设置与产业的衔接，以专业群的形式进行宽口径衔接，避免中高职专业的重复设置。同时，专业衔接的各项任务最终要通过课程的衔接来一一实现。另一方面，要求职业教育人才培养应围绕区域经济发展总体规划和主体功能区定位，确定相应的人才层次、类型需求，才能合理确定中等和高等职业院校的人才培养规格，并在培养目标、专业内涵、教学条件等方面，注重中等和高等职业教育的延续与衔接。同时，经由校企合作、工学结合，不断调整和促进四个对接：专业与产业对接、课程内容与职业标准对接、教学过程与生产过程对接、学历证书与职业资格证书对接。

四、中高职衔接专业建设的路径设计

在发展现代职业教育的背景下，探究中高职专业衔接的建设路径，必须基于职业教育的类型特征，主线是专业人才培养，以产业或职业为导向，以培养目标的衔接为统领，以专业设置、教学过程和教学资源衔接为主体的动态过

程，以教育的关键要素为根本进行多维设计。

（一）建立专业学位与职业资格对应的成长体系

国家应该建立专业学位与职业资格相互融通的成长体系并以此作为中高职专业衔接的重要纽带，使其成为促进职业教育人才幸福成长的主要抓手。同时，设立国家职业资格证书制度，通过专业目录衔接体系、专业学位进阶体系、职业资格对照体系，妥善解决职业资格成长树与职业教育学位成长树对应发展的问题。

（二）搭建中高职专业征询系统平台对接产业

首先应建立中央、省（区、市）、学校三级专门的专业设置与管理机构，搭建专业征询系统平台，统一管理，分层实施，平台上保留行业、企业、社会、政府、学生家长等入口，按照月份发布，实行动态管理。同时，建立以行业为指导，教育为基础，教育、劳动、行业三结合的专业审核机构；建立中央、省（区、市）、学校三级分权制，分工负责专业设置与管理工作。对于老旧专业、招生不好的专业采取黄牌警告和关停并转等措施；对于因为产业结构转型升级而产生的新职业，要及时反馈到专业设置上来。

（三）建立与中高职衔接相适应的一体化专业目录标准体系

根据职业教育实施的内部质量诊断与改进工作，要解决目前中高职专业目录编制及实施过程中的问题，要有多方的创新之路，要从体制机制和运行机制两个方面实现突破，要实现专业目录标准的中高职对接，建立与中高职衔接相适应的一体化专业目录标准体系。

一是组织体系和工作机制的建立要协调统一。职业教育顶层设计内容之一的专业目录要进行系统研究，不能脱离研究机构和政府决策两条线。职业教育行政管理部门要协调人社部门和行业相应部门，统一规划设计专业目录，形成与人才需求相适应、与职业岗位相匹配的目录标准。

二是构建系统化和动态性的专业目录运行机制。要抓好专业目录的调研论证、发布实施和递进优化三个环节，在调研论证阶段，对于同一专业领域，中高职专业要有明确的培养目标、岗位规格和职业定位；在发布实施阶段，要将人才培养方案的制定放在首位，确保目录标准在教学过程中一一落实；在递进优化阶段，要建立专业目录的动态机制，不断优化专业设置。

（四）专业人才培养目标的衔接

中高职专业衔接的灵魂是专业人才培养目标定位。按照专业设置层面，中职专业主要针对职业，并按职业岗位设置专业，专业划分更细，知识面更窄；而高职专业面向岗位群，专业划分较广，知识面更宽；高职本科、专业硕士的专业设置数量应该更少，涵盖专业层面更为宽泛。对于不同规格的专业人才培养目标而言，上位的培养目标是以下位的培养目标为基础，知识结构与技能结构交错循环，培养目标在不同层次的人才培养中呈现循环递升状态。以专业内涵定位人才培养目标，随着中高职专业衔接层次的提高，专业内涵的包容性和涵盖面越来越宽泛。

专业培养目标涵盖技术、能力、知识和态度。中职向高职或更高层次发展时，不仅是要增加知识的深度，还要扩大知识的广度。中职与高职之间对具体的知识、能力、态度形成有梯度、有层次的逐渐向上发展的目标。

（五）专业课程标准的衔接

课程标准是对课程性质、课程目标、教学内容、实施建设等进行规定和指导的文件。中高职的课程标准必须系统研究课程体系、教学计划和课程内容三个层面的内容。

首先是课程体系。一是要有中高职协同的工作体系。教育专家、专业负责人、行业企业共同参与，在制定人才培养方案、构建课程体系等方面达成共识。同时，政府主管部门成立审定的专家机构，对培养方案和课程体系进行深入研究、反复论证，并将其科学合理性作为后续进展的先决条件。二是构建以典型工作任务分析为基础、以职业成长为主线的课程体系。按照由简入繁、由单一到综合、由低端到高端的逻辑关系，对不同职业阶段的典型工作任务进行逐一分析，并归纳形成具有教育价值的课程。

其次是教学计划。中高职教学计划合理安排主要体现在三个方面：一是培养方式有两种，即分段式和一贯制（一体化）。二是应建立螺旋递进的教学环节，按照技能提升、素质养成的要求，将理论实践一体化、综合实训、顶岗实习等教学环节内容科学、合理地贯穿于人才培养全过程。三是形成考核评价体系，对学生采用多元化评价方式，中高职一体化设计、分阶段实施。评价内容应兼顾认知、技能、情感等方面，体现评价标准、评价主体、评价方式、评价过程的多元化，比如可以采用观察、口试、笔试、顶岗操作、职业技能大赛、职业资格鉴定等评价、评定方式。

最后是课程内容。要清晰、明确地对课程标准进行规范，特别是对中高职两个阶段的技能（技术）等级、知识的纵深度及整个培养体系的地位等方面加以区分。课程性质与任务方面，中职多为预期岗位打基础，高职多以提前适应初始岗位为标准。教学目标方面，通常由知识目标、能力目标和素质目标构成。课程内容和要求方面，要体现出由简入繁、由单一到综合、由经验到策略、由普及技术到高精技术、由操作岗到管理岗等层级特征。中高职要普遍采用案例教学、项目化教学等一体化教学模式，并根据学生学习基础和学习能力采取有针对性的措施。

（六）专业师资的衔接

人才培养工作的关键要素是教师，最终以师资的衔接来落实中高职衔接培养目标的实现，专业师资的衔接有：

一是对教育理念的衔接。中高职教育属于职业教育类型的不同阶段，中高职教师应对职业教育特点的是校企合作、工学结合的理念达成共识。这样，专业人才培养方案、课程标准才能得到有效实施。

二是师资能力结构的优化。就培养目标来说，职业教育教师应具备复合型的能力，不仅要有学历还要有职业资格、技术研发和应用、行业企业经历、职业指导、工程实践等方面的能力。职业素质和基本工程实践能力是中职阶段教师的核心能力，综合实践能力和应用技术研发能力是高职阶段教师的核心能力。

三是建立师资互动交流机制。中高职院校不仅要联合举办专业负责人说专业、课程负责人说课程、教师说教法等活动，还要有计划地安排教师到对方院校兼课或参与相关的教学活动，实行教师双向挂职。

第五节　课程建设

一、现代职业教育对中高职衔接课程建设的要求

《国家中长期教育改革和发展规划纲要（2010—2020年）》提出了我国职业教育要建立中等和高等职业教育协调发展的现代职业教育体系的战略目标，中高职课程衔接的理念也不断在发展和变革。

（一）由支流走向主流

随着社会经济的发展，国家对职业教育越来越重视，教育多样化的需求和呼声越来越高，建设完善的现代职业教育体系规划蓝图的提出，把中高职课程衔接提高到前所未有的高度，中高职课程衔接由支流角色逐渐成为主流角色。

（二）由宏观走向微观

随着中国教育改革的进一步深入，职业教育的改革和政策也在逐步深入，中高职课程衔接不断从宏观架构走向微观实践，越来越多的理论研究和实践探索涉及和深入具体的中高职课程衔接问题和相关领域。

（三）由零乱走向系统

中高职课程衔接是一种负有变革使命的教育手段。当前，全国中高职课程衔接由最初的凌乱状态逐步走向完善和系统状态。建设现代职业教育体系的基础工程是中高职课程衔接，必须更加重视对中高职课程衔接进行系统性研究。

二、中高职衔接课程建设现状

（一）变革理念迟滞：对职业教育认识不到位

长期以来，职业教育在很多人眼中就等同于末等教育、断头教育、无奈教育，国家出台的各类重视职业教育的政策和办法，也没有扭转这种局面。变革理念迟滞，严重制约着中高职课程衔接顺利进行。

（二）顶层设计迟滞：现代职业教育体系尚未形成

国际上，各国职业教育体系的模式不同，但是都保障了中高职课程衔接协调发展。中国虽然一直在学习外国职业教育课程衔接的先进经验，但是顶层设计迟滞，具有中国特色的现代职业教育体系和模式尚未形成。

（三）教育制度迟滞：职业教育保障支持力度薄弱

现代职业教育体系建设内容的重要组成部分是中高职课程衔接。我国虽然越发重视职业教育政策和制度建设，但是保障支持的力度有待加强。一方面，缺乏职业教育国家招生考试制度，使得中高职课程改革有名无实，现代职业教育体系的建设进程受到严重制约；另一方面，缺乏国家职业教育课程标准，加上职业资格的标准很多还停留在纸面，严重制约了中高职课程衔接的有效实施。

（四）办学定位不精：职业教育课程管理不规范

我国中高职课程衔接在职业教育课程管理方面不规范，特别是在中高职衔接学生规模、高职院校办学定位、教师衔接能力与动力方面造成课程衔接动力缺乏。虽然职业教育课程管理权限已下放给各职业院校，但是由于地方保护主义以及受各方经济利益驱使，职业教育教材使用中出现盲目跟随、随意选择及教材编写质量不过关等问题；由于课程实施过程中，学校之间、地区之间存在着较大差异，给合作交流和课程衔接带来一系列问题。

三、中高职衔接课程建设路径设想

（一）适应社会经济发展的需要

职业教育与人类社会经济发展密切相关。职业教育是社会经济发展的产物，随着人类工业社会的出现，职业教育逐渐发展为一种与人类社会经济发展关系最密切的特定教育类型，其本质就是帮助人们学习人类生存、生产和生活的知识与技能，是一种为希望成为技术技能型人才的群体服务的教育，它具有层次特征，有初级（等）、中级（等）和高级（等）三个等级层次。

（二）满足人民群众教育的需求

职业教育发展的根本因素是由人来决定的。一方面，人需要职业层次的教育，另一方面，职业教育也要满足人的生产生活需要。人们对技术技能型职业能力与资格的需求，直接体现在职业教育的办学模式、管理体制、培养目标、人才培养模式、教学内容及教学方式等方面，直接影响着中高职课程衔接的发展进程。职业教育一方面必须要服务于社会经济发展，另一方面必须要同时满足社会和个人的个性培养需要，促进人与社会、职业的和谐发展。

（三）促进中高职教育协调发展

我国社会与经济发展的基本现实诉求是中高职教育协调发展。适应和服务社会经济的发展是职业教育发展的必须要求，经济社会产业结构调整和升级需要职业教育培养和提供必要的初级、中级和高级技术技能人才，产业结构对数量与层次的需求决定了职业教育人才供给的数量与层次比例。

（四）坚持体现终身教育理念

一个人一生中所受教育的总和就是终身教育。终身教育理念促使人们的教育观念的变革、教育制度和教育体系的更新、教育形式和学习方式的升级。

四、中高职衔接课程建设路径设计

我国构建现代职业教育体系就是从我国国情实际出发的，职业教育课程开发模式不仅关系着职业教育特点，也关系着中高职课程衔接的课程目标、课程内容、课程实施与课程评价的发展和水平。

（一）制定中高职有效衔接的课程目标

首先，需要明确中等职业教育与高等职业教育的关系。中等职业教育与高等职业教育同属于职业教育范畴，它们是同类型的两个层次，中等职业教育是基础，高等职业教育是中等职业教育的延伸。加强课程目标稳定性取向，兼顾学生升学和就业的不同需求，满足社会经济发展需求，进一步发挥高等职业教育的引领作用。根据产业结构升级的需要，调整专业结构，优化专业布局。根据职业教育的层次特点，明确各个层次的培养目标和课程目标，做到课程目标层次分明、层次递进、相互沟通、相互衔接，既有层次阶段目标，也有层次整体目标，既能实现中等职业学校目标，又能实现高等职业院校目标，更要符合学生个人生涯发展规划和市场经济对人才的需求。

其次，改革课程模式。改变课程过于强调学科本位现状，课程目标建设应该加强对社会发展现状、学生特点、学科发展的综合研究。现代职业教育课程改革就是要对职业教育课程开发模式进行改革，打破学科课程，建立工作课程体系。职业教育与普通高等教育有着本质的区别，职业教育课程改革不是对学科本位或者知识本位的简单否定，在普通高等教育或者传统职业教育课程开发理念和操作中实践只是知识的延伸和应用，但在职业教育课程开发中，我们应该明确，工作实践是职业教育课程体系的逻辑主线，做到课程目标与工作目标一致，中高职课程目标有效衔接。

最后，加快修订中高等职业教育专业目录。根据社会经济发展的需要与职业教育体系发展的要求，结合人民群众对职业教育的新要求，加快修订中等和高等职业教育专业目录，建立统筹中等和高等职业教育专业相互衔接的宏观调控制度。同时，根据社会发展不断完善、修正、新增、删减专业课程内容和课程目标。

（二）建立多方联动的课程内容设置机制

课程内容是中高职课程衔接的主体。中高职课程内容包括三个方面的内容：一是中高职教材，二是中高职学习活动，三是中高职课程学习经验。

课程内容选择有三个准则：一是课程内容的基础性；二是课程内容要联系社会实际；三是课程内容与学生的实际和学校的特点结合。中高职课程内容组织有三个原则：一是连续性，即人们陈述课程内容要素要按照连续不脱节的组织方式；二是顺序性，即前面的课程内容一定是后面的课程内容的基础，后面的课程内容一定是前面课程内容的深入和拓展；三是整合性，即围绕一个课程目标或者培养目标，各种课程之间形成一个整体或一个体系。

一是加强中高职院校之间的多方交流联合。中高职院校、中高职院校教师、中高职院校学生是中高职课程衔接的重要主体。调查表明，职业教育多头管理，各自为政，未形成合力。加强职业院校之间的合作，可以增强院校校级之间、院校之间的教育资源的交流，加强院校教师、学生之间交流，真正落实中高职课程内容的衔接，提供课程内容在层次和连贯等方面的整合度，降低课程内容在繁、杂、旧方面的问题。

二是加强校企之间多方合作与交流。加强校企之间多方交流联合就是联系社会实际，校企之间多方交流的过程，是根据企业的工作过程确定职业技能，将职业技能转换为课程目标，根据课程目标设计课程内容的过程。加强校企之间多方交流联合，可以缩小职业院校毕业生与企业用工之间的差距，弥补整个职业教育培养机制与市场需求和具体的经济结构之间的断裂问题，有效避免

"技工荒"的出现，真正做到企业对技能人才需要的职业技能信息能够及时反馈给职业院校，职业院校培养的技能人才就是企业真正希望和需要的人才。

三是加强课程科学管理，改变课程管理自由度过大的现状，实现课程的高质量和多样化。统一制定国家课程标准，在职业教育方面做统一或者明确规定，减少课程管理自由化的趋向问题。国家整体规划职业教育基础课程，制定基础课程管理政策，确定国家课程门类和课时，制定国家课程标准，避免各个学校各自为政，避免职业教育教材版本多样凌乱，降低中高职课程重复浪费的程度，充分利用有限的教育资源，避免一些中高职课程出现空缺断档，真正实现学生学习的课程内容达到中高职课程衔接的课程目标。

（三）制订符合职业教育特点的课程实施方案

一是提高课程实施主体——教师的综合素质和服务意识。中高职院校课程计划的具体执行者是教师，课程实施的直接影响因素是教师的素质和态度，所以必须提高教师在职业教育课程教学理论与实践方面的综合素质，特别要提高双师型教师的数量和素质。可以派老师去相关企业锻炼，了解和职业能力方面的实际感性经验和实践操作；各级教育行政部门和学校行政领导是直接影响课程实施者（教师）的积极性的重要因素，也是中高职课程计划实施的领导者、组织者，要从政策和现实条件方面为中高职院校教师与学生提供教学基础条件。

二是营造有利于中高职课程衔接的社会外部环境。中高职各种外部环境因素，比如社会舆论、学生家长、国家政策、技术支持、财政支持等都会影响中高职课程实施。一方面，通过国家教育政策的变革和财政支持的增加，积极引导人民群众高度关注，引导中高职院校的办学方向；另一方面，为中等职业教育学生进一步学习和职业生涯规划提供实质有效的社会环境和上升通道或者人才成长"立交桥"。

三是进一步加强课程实施模式的革命性变革。课程实施革新需要提高课程实施过程中的开放性，需要教师的行为、思维方式、教学方法、内容安排以及教学组织形式等发生一系列变化。课程改革首先是对职业教育课程开发模式的改革，建立逻辑主线和确定改革目标，也就是建立工作实践的职业教育课程体系。职业教育课程内容必须与岗位任务紧密联系，教学方法也不能只是符号的传授。职业教育课程的逻辑出发点是实践，这也是职业技能和职业教育课程的目标。

（四）建立多元参与的核心能力课程评价机制

一是综合应用各种课程评价模式。目前比较常见的课程评价模式有以下七类：目标评价模式，目的游离评价模式，背景、输入、过程、成果评价模式，外观评价模式，差距评价模式，CSE 评价模式，自然探究评价模式。课程评价依据不同的评价标准，一般可以分为诊断性形成性和总结性三种评价类型。评价者采取不同评价类型，体现他们不同的价值取向。这种课程评价价值取向会导致评价手段、技术和方法的不同，进而形成多元参与的核心能力课程评价模式。

二是制定共同的指导性课程评价标准或者准则。虽然，在课程评价模式和手段或者价值观的方面求同存异，但是多数评价模式涉及的基本问题和步骤还是存在共识性的东西。课程评价的目的是课程决策，必须要有共同的标准或者准则，以及一定的基本步骤。统一的基本原则和标准才能进一步促进中等职业教育学校与高等职业教育院校在课程目标设置、课程内容选择、课程实施等方面实现层次清楚、相互沟通的衔接。

三是建立课程多元参与的评价机制。中高职课程衔接中，教育行政部门由原来的教育管理的控制者转变为与职业院校、教师、学生共同管理的参与者、指引者和共建者并转向以指导为主的平等首席咨询顾问，逐步形成中高职课程衔接治理的共同体。这就导致了中高职课程衔接评价是以多元为主体的，带动了课程评价对政府决策、教师教学、学生学习、企业预期等多元主体和多向目标的行为和内容的积极影响。

第六节　师资队伍建设

教师是中高职衔接的执行者和推进者，是教学质量的重要保证。中高职衔接作为现代职业教育体系不可或缺的一部分，师资队伍建设成为影响中高职衔接的关键。

一、中高职衔接师资队伍建设的构想

中高职衔接本质上是一种中职、高职、企业三方协同的育人模式。从纵向维度来看，中高职衔接要打破院校壁垒，实现中职、高职院校在专业、课程、师资、教学上的有序衔接，路径在于建立被普遍认可的职业技能标准并结合职业技能标准开发课程、组织教学、实现人才培养的有序对接。从横向维度来看，中高职衔接要实现教育系列与职业技能的有序的衔接，路径在于建立"1+X"制度，结束职业教育与劳动和职业认证的分离状态。映射在师资队伍建设上，一是要中职教师、高职教师、企业教师突破实体限制，形成协同育人共同体，辅以模块化协作教学改革，实现中高职衔接；二是要强化双师素质，提高职业能力培养能力，保证各环节、模块的教育教学质量能够对接职业能力标准。

二、中高职衔接师资队伍建设的制约因素

（一）认知差异

中、高职教育属于同一种类型、不同阶段的教育，目前"产教融合、校企合作、工学结合"成为现代职业教育共同的理念，也成为中国高职教师的共识。但人是一个复杂的个体，因其知识结构、成长环境、发展水平与能力差异等因素不同，对同一事物的看法和认知也必然存在差异。在具体教育教学活动中，如何实现"产教融合、校企合作、工学结合"？中职阶段应该培养学生哪些知识和能力？高职阶段应该培养什么？不同的人有不同的看法，特别是在职业能力标准和教学标准未能有效衔接的现实基础前，认知差异显得特别突出。中、高职教师分别按自己的理解制定教学标准，开展教学活动，从而导致衔接教育脱节。

（二）实体壁垒

尽管目前全国建立了各种职业教育集团，探讨在师资、教学、科研、教学资源等方面实现资源共享，但从目前的实际情况来看，职业教育集团开展的各项合作活动更多地停留在表面，层次不深。因中高职教育专任教师分属不同的学校，平时缺乏沟通与交流，理念不统一、标准不认同，难以形成协同效应。由于经费保障、校企互聘互兼双聘任机制尚未健全等原因，在目前实施校本教育的大背景下，企业兼职教师主动参与学校教学活动，形成深度融合的教学团队的动力不足，大多数学校的兼职教师为其他高校教师、退休教师、社会无职业人员，真正的是企业骨干的兼职教师较少，双方的融合度不高，难做到因材施教。

（三）师资结构欠优

从职业教育培养目标的角度，教师的能力应为复合型，除了应该有一定的学历之外，还必须具有一定的行业企业工作经历，在专业技术领域具有丰富的实践经验，才能对学生职业能力培养提供有效的指导。但从目前的实际来看，中高职院校教师中，来自行业企业具有高级技术职称或具有技师、高级技师等职业等级资格证书的专任教师数量偏少，真正在企业担任高级领导职务或具有一定技术研发与实践应用能力的高技术人才到学校兼职的也少。中高职院校

"双师型"教师严重不足，实践教学在很多学校难以深入开展，流于形式的较多，对学生的职业能力培养难有实质性的提高。

（四）培训难贴实际

当前中高职培训，是一种以专家讲座为主要形式的培训，尽管过程中穿插现场考察、问题研讨等模块，但培训的主体是专家，培训的内容未能真正贴近教师的岗位需求，理论知识难以转化为实践应用能力。

三、中高职衔接师资队伍建设路径分析

（一）强化师资平台建设形成协作共同体

要促进中高职衔接，强化师资队伍的沟通与协作，建立高职、中职、企业协作育人团队共同体，平台建设是关键。中高职院校、行业企业应充分利用政府的扶持政策、学校和企业的优质资源，积极搭建专兼结合、双师组合、多学科融合的协作教学创新团队建设平台，如大师工作室、名师工作室、应用协同创新中心、教师发展中心、"双师型"教师企业培训基地等平台，积极吸收中高职教师、企业骨干技术人才等组成高度融合的协作团队共同开展中高职衔接教育。

（二）强化教师交流达成衔接共识

中高职教育具有共同的工作使命，即培养生产、建设、服务和管理一线的高素质劳动者和技能型人才，服务区域社会经济发展，促进产业转升级。中高职院校可以充分利用对口帮扶政策、中高职对接等，联合举办各种教研交流活动，如"三说"即专业负责人说专业、教学负责人说教学、课程负责人说课程，促进双方对中高职教育各个环节的联系和要求；实行教师双向挂职，有计划地安排教师到对方院校兼课或参与相关的教学活动；加入行业协会，依托行业协会、职业教育集团等，组织开展专业师资培训班或学术交流会，沟通和交流观点。通过多形式的深入沟通协调，形成中高职衔接教育共识。

（三）强化"双师"队伍建设提升实践教学技能

一是完善"双师型"队伍建设相关政策，指导职业院校建立健全"固定岗＋流动岗"管理机制建设，扶植职业院校建立自主聘任兼职教师的办法，推动企业工程技术人员、高技能人才和职业院校教师双向流动。加大政策鼓励企业承担中高职院校教师及学生的职业技能实习、培训、横向科研项目开发和合作，强化工学结合、订单培养，推动招生、科研、教学、就业一体化，不断促进中高职院校教学、科研等的全面提升。

二是严把入口关。中高职院校要深入落实《国家职业教育改革实施方案》

"职业院校、应用型本科高校相关专业教师原则上从具有3年以上企业工作经历并具有高职以上学历的人员中公开招聘，特殊高技能人才（含具有高级工以上职业资格人员）可适当放宽学历要求，基本不再从应届毕业生中招聘"的政策要求。

三是强化双师型培养。中高职院校要完善"双师型"教师认定培养标准和管理办法，依据国家和自治区职业资格标准和企业岗位职业能力要求进行认定。建立企业兼职教师教学能力认定制度，将教学技能培训、考核结果与兼职教师薪酬挂钩，形成激励机制。落实新入职教师先实践后入岗制度，加强"双师型"教师企业顶岗实践基地建设，落实专任教师定期到企业顶岗实践制度，要求专任教师每5年必须到企业顶岗实践6个月。完善教师顶岗实践平台建设，引导专业教师积极到企业培训基地顶岗，参与企业培训、产品研发、技术服务等校企合作项目，提高双师素质。

（四）打造结构化教学创新团队强化模块协作教学

中高职院校打造结构化教学创新团队应坚持以"专兼结合、双师组合、多学科融合"原则组建，其中："专兼结合"是指聘请生产一线的、能指导实践教学并有丰富实践经验的人员做兼职教师，校企互补，使中高职院校"双师型"教师的整体素质不断提高；"双师组合"是指学校讲师和企业工程师的组合，充分利用高校讲师在学科理论知识方面的优势和企业骨干技术人员在工程技术方面的技术优势，提升团队对职业技能要求的认识和在技术研发、技术改造、应用型人才培养等方面的创新能力。教学团队能更好地协调实践教学与理论教学的结合，要鼓励团队开展基于职业能力的课程开发和科研工作，积极开展模块化协作教学模式创新，打破学科教学的传统模式，探索"行动导向"教学、项目式教学、情景式教学、工作过程导向教学等新教法，不断提升教学质量效果。

（五）强化职业教师培训提升专业能力

教师的专业能力是胜任工作，履行职责的基础。教师专业能力培养有两条主线：一是基于大学教育；二是基于工作实践。从实践来看，基于大学教育的职前教育效果并不理想，因此大多数国家均采用基于教师工作实际的职后教育，即以教师教学能力发展为目标，形成基于教师实际工作的培训内容体系并开展培训。建立以能力为导向的分类培养机制，按新入职教师、骨干教师、专业负责人等类别，围绕课堂教学、课程开发、专业建设进行分类培养，其中：新进教师应注重课堂教学能力培养，积极参与教学改革和企业实践，在已有教学创新及教学风格的基础上，完成角色转换，形成职业意识，胜任本职工作；

骨干教师应注重课程开发，能熟练地进行理论与实践一体化教学的同时，提升课程标准制定能力、教材开发能力与教学资源建设能力；专业负责人应更注重专业建设能力培养，强化对产业发展态势与人才需求的把握能力、对人才能力要求与整体课程的理解能力、对专业发展水平的准确判断和未来发展路径的清晰描绘能力。完善培训方案，根据中高职教育应用性的特点和教师不缺理论知识缺实践经历的实际，实施"做中学"培训，让教师融理论知识与实践知识于一身，真正达到双师型标准。

第七节　教学资源建设

中高职衔接的关键是专业设置衔接、人才培养方案衔接、课程体系衔接、师资队伍共建共享衔接、实训基地共建共享衔接、教学资源共建共享衔接。依托多元合作、职教集团，建立中职、高职、企业三方教学资源共享机制，整合和优化集团内中高职院校及合作企业之间的教学资源，运用"互联网+"思维，搭建包括教学资源共享系统、学生综合素质评价系统、招生就业信息共享系统以及教学成果展示系统的职业教育平台和资源平台，这些措施的实行对中高职院校实现无缝对接有极大的促进作用。

一、教学资源内涵

教学资源是为教学的有效开展提供的素材等各种可被利用的条件，通常包括教材、教案、课件、媒介、教学设备、教学工具、教学场地等。可以理解为一切可以利用于教育、教学的物质条件、自然条件、社会条件以及媒体条件，都是教学材料与信息的来源。

广义上，教学资源可以指在教学过程中被教学者利用的一切要素，包括支撑教学的、为教学服务的人、财、物、信息等。

狭义上，教学资源主要包括教学材料、支持系统及教学环境。教学资料蕴含了大量的教育信息，是能创造出一定教育价值的各类信息资源。信息化教学资料指的是以数字形态存在的教学材料，包括学生或教师在学习或教学过程中所需要的各种数字化的素材、教学软件、补充材料，等等。支持系统主要指支持学习者有效学习的内外部条件，包括学习能量的支持、设备的支持、信息的支持、人员的支持，等等。支持系统是资源的内容对象与学习者沟通的媒介。教学环境是学习者运用资源开展学习的具体情境，体现了资源组成诸要素之间的各类相互作用，是我们认识学习资源概念的关系性视角。

本节论述的教学资源建设主要是指以处理数字化、显示多媒体化、传输网络化、资源形式多样化和资源共享化为主要特点的信息化教学资源建设。

二、职业教育集团内涵

职业教育集团是职业院校、行业企业等组织为实现资源共享、优势互补、合作发展而组织的教育团体，是近年来我国加快职业教育办学机制改革、促进优质资源开放共享的重要模式。2014年6月国务院印发了《国务院关于加快发展现代职业教育的决定》（国发〔2014〕19号），明确了今后一个时期加快发展现代职业教育的指导思想、基本原则、目标任务和政策措施，提出鼓励多元主体组建职业教育集团，研究制定院校、行业、企业、科研机构、社会组织等共同组建职业教育集团的支持政策，发挥职业教育集团在促进教育链和产业链有机融合中的重要作用；鼓励中央企业和行业龙头企业牵头组建职业教育集团；探索组建覆盖全产业链的职业教育集团；健全联席会、董事会、理事会等治理结构和决策机制；开展多元投资主体依法共建职业教育集团的改革试点。

职业教育集团化办学是以提高人才培养质量为核心，以深化产教融合、校企合作为主线，整合政府、行业、企业、职业院校、科研院所等资源，按照"依托行业、对接产业、锁定职业、服务就业"的专业建设思路，通过"学校与企业对接、专业与产业对接、实训室与车间对接、课程内容与岗位标准对接、教师与师傅对接、教学过程与生产过程对接"的"六对接"以及"学生与徒弟融合、教师与师傅融合、课堂与车间融合、作品与产品融合、理论与实践融合、考试与考评融合"的"六融合"校企合作机制和人才培养模式，解决区域之间、校际、校企之间课程资源无法共享以及中职、高职课程体系与学历证书、职业资格证书能力标准相互割裂等问题，实现集团成员院校之间、校企之间互补型的横向联结、人才培养链上的纵向贯通，为学习者提供多功能、多途径、多形式的学习服务，为院校和企业的发展增强核心竞争力。

三、集团化办学下的中高职课程衔接

课程是学校教育的核心，中高职衔接不畅的本质是中高职课程体系的脱节。在职教集团内部，通过行业企业中高职院校等多元主体参与，建立专业教学标准开发的技术规范，对课程进行模块化、系统性开发，可以避免课程结构配置的缺失、课程设置重复等造成的衔接不畅问题，图3-7-1为中高职衔接教育标准开发技术路线。

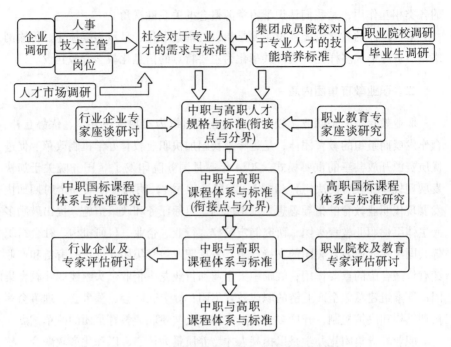

图 3-7-1　中高职衔接教学标准开发技术路线

四、集团化办学下的中高职衔接教学资源建设路径

资源建设、资源管理、资源共享是集团化办学下的中高职衔接教学资源建设的重点工作。在各成员院校都分别投入了大量的人财物的基础条件下，以教育部《教育信息化2.0行动计划》、"建设网络学习空间"为契机，借助专业教学软件公司的成熟技术，凝聚集团成员单位的力量，全面对接国家资源库建设要求，不断优化资源的整合配置，促进优质教学资源共建共享，推进中高职有机衔接，提升人才培养质量，为集团成员服务。

（一）成立教学资源建设领导小组

领导小组由集团理事长任组长，副理事长为副组长，集团成员单位相应的专业负责人、企业导师为领导小组成员。明确人员职责，为实现集团各专业群教学资源建设提供强有力的组织领导保证。

（二）成立教学资源建设工作组

按专业分类成立教学资源建设工作组，施行双组长制，由相应专业负责人、企业导师任组长，各课程负责人为各子项目组长，由教学名师、骨干教师、企业技术骨干为各子项目成员。在教学资源建设领导小组的统一领导下，工作组负责制订各子项目的建设目标和实施方案，开展专业调研、课程开发、素材制作、虚拟动画制作、平台开发、项目协调等工作，确保建设项目按时保质完成。

（三）成立教学资源建设项目管理组

项目管理组由集团秘书处组织相关财务、纪检、监察和审计部门人员构成，负责建立健全各项管理制度，强化对来自中央或地方财政拨款、学校自筹和企业投入资金的管理，根据牵头院校、参加院校及行业、企业等各个单位承担的任务量，按照比例配套建设资金，确保专款专用。加强过程控制，保证建设质量。

（四）建立激励与评价机制

教学资源建设是一项融合了教育理论、教育理念、教学内容、教学策略以及技术规范等多个要素，且建设周期长、需要不断更新完善的工程。在进行区域内职业教育资源整合和优化时，除需要建设精品课程网站、网络课程学习平台等教学资源所需的一切软、硬件条件之外，还必须历经一个长时间、高强度的工作过程，工作组应建立定期更新保障制度及政策倾斜、激励与评价机制，使具备先进的教育理念、丰富的实践经验的教学一线骨干教师、教学名师及生产一线的技术骨干，能够在完成日常教学、生产任务的同时，不断吸收新知识新技术，结合教育教学、行业企业发展趋势，总结教学案例和教学成果，以更多的精力和动力投入到专业教学资源库的建设中，确保资源库的建设紧跟发展形势。

集团化办学下的中高职衔接教学资源建设路径如图3-7-2所示。

五、集团化办学下的中高职衔接教学资源建设内容

职教集团内部教学资源建设以职业能力培养为本位，以行业企业为依托，融合中高职教育特色及需求，建设包括专业资源、课程资源、素材资源、能力训练与测试资源、培训认证资源及特色资源六大资源模块，如图3-7-3所示。工作组根据资源库建设工作指南制定标准、开展建设。

（一）专业资源中心建设

教学资源建设工作组在对集团内相关行业、企业进行深入调研的基础上，依据相关专业群各专业的人才需求、行业职业标准及岗位职业能力，兼顾全国范围内的普适性和区域特色，准确定位人才培养目标，重点建设人才培养方案，科学设计课程体系。撰写行业职业及专业调研报告，根据职业资格标准、行业技术规范或标准，做好专业描述，构建普适性、可拓展的一体化专业人才

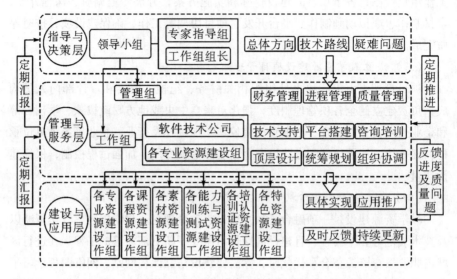

图 3-7-2　集团化办学下的中高职衔接教学资源建设路径

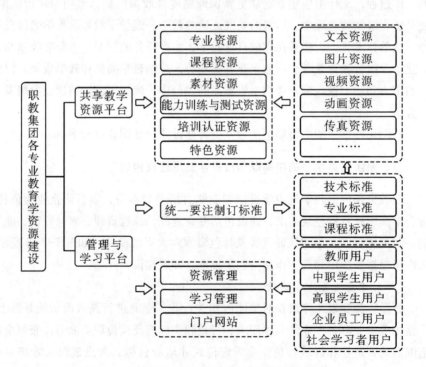

图 3-7-3　集团化办学下的中高职衔接教学资源建设工作

培养方案；根据职业岗位群、典型工作任务、岗位技能要求设计系统的中高职衔接专业课程体系，同时将行业的技术新发展与对技能型人才的新需求不断更新至专业资源库。图3-7-4展示了集团化办学下的中高职衔接的专业资源建设构架。

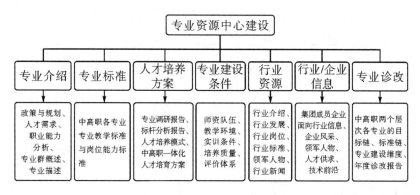

图3-7-4　集团化办学下的中高职衔接的专业资源建设构架

（二）课程资源中心建设

课程是传递知识、获得能力、提升素质的重要载体，在教学资源建设中应以专业核心课程的开发为核心，从专业方向、课程、层次等角度进行组织，把课程资源建成将自主学习与在线交流功能融为一体的个性化学习与教学平台。

集团成员院校在融合企业资源，共同制定专业教学标准的基础上，发挥各自课程或师资优势，分工协作，结合区域产业特点和岗位调研情况，根据不同时期、不同阶段、不同岗位对于从业者技能的不同标准以及中高职教育发展的趋势与需求，分层建设每门课程结构化的课程资源。依据工作过程（工作任务），对专业群课程进行整合、补充、开发，建设体现中高职学生各阶段学习特点、符合学生职业生涯发展的课程模块；各模块分别包含知识点、技能点，以文本、图片、动画、音视频、虚拟仿真等多种媒体形式呈现。同时，还需汇总相关专业的网络课程资源，并以国家精品在线开放课的标准建设在线开放课程，为职教集团内中高职院校师生、企业员工和社会学习者提供资源检索、信息查询、在线学习、交流咨询、二次开发等服务。图3-7-5、图3-7-6展示了集团化办学下的中高职衔接的课程资源建设思路、建设构架，图3-7-7为课程设计与资源建设过程图。

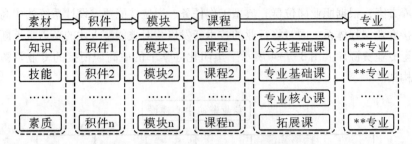

图 3-7-5　集团化办学下的中高职衔接的课程资源建设思路

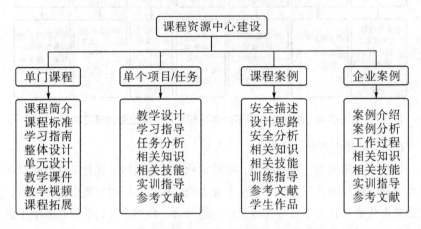

图 3-7-6　集团化办学下的中高职衔接的课程资源建设构架

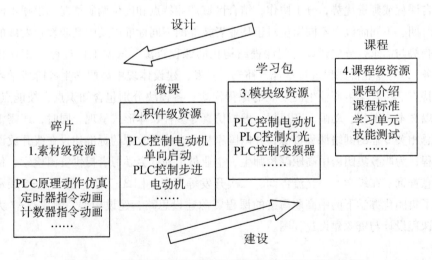

图 3-7-7　课程设计与资源建设过程图（以 PLC 课程为例）

（三）素材资源中心建设

素材主要包括文本、图形、图像、动画、视频、音频等资源，是根据某个知识点或技能点进行开发的单个或集成资源。在教学资源建设中，素材资源分为教师从网上收集/整理的优秀素材资源以及教师自己开发或与软件公司联合开发的素材资源两类。教师可将现有的或自己开发的素材资源上传，管理员审核合格后为每个素材建立多个标签，将其分配在相应的资源类别下，用户通过多种方式检索可以将资源归类，并将其成果分享给其他学习者，实现资源的共建共享。

（四）能力训练与测试资源中心建设

能力训练与测试资源汇总了各专业所辖课程的习题、测试卷和考核方案。资源建设工作组与软件公司合作开发技术先进、质量可控和安全保密的考核习题库。题库的基本构成是单个试题，题型以职业能力测试为主，考核内容与学习层次、学习情境、知识点、技能点、难易程度紧密关联，包括名词解释、填空题、选择题、判断题、简答题、论述题、情境设计题、案例分析题等，以满足中高职不同层次学习者根据学习进度进行即时测试的需求。

（五）培训认证资源中心建设

职业技能等级证书是对学习者的职业技能进行综合评价，如实反映学习者职业技术能力，表明劳动者具有从事某一职业所必备的学识和技能的证明。在建设培训认证资源时，要深化教师、教材、教法"三教"改革，利用网络技术，整合专业教学资源，将培训资源建成涵盖师资培训、企业证书培训、行业证书培训、项目开发与管理、前沿技术等在内的各种培训包，形成在线培训资源。

中职、高职、企业三方应根据行业、职业标准，与企业合作，开发"1+X"证书制度试点教学资源，主要包括岗位技能标准、技术规范或标准、虚拟仿真训练等资源；与行业协会合作，根据新标准开发技能大赛训练包，主要包括各类技能大赛信息、技能竞赛项目要求、技能竞赛题库、创新项目设计、虚拟仿真训练等资源。开发中、高级职业资格鉴定包，主要包括职业资格标准、样题、测评系统等资源，实现中高职、校际、校企之间优质资源的共建共享，如图 3-7-8 所示。

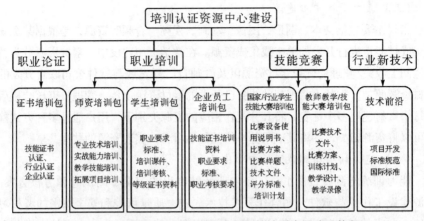

图 3-7-8　集团化办学下的中高职衔接培训资源建设构架

（六）特色资源中心建设

课堂、实习实训场所、工作岗位是职业院校学生的主要学习环境，中职、高职、企业三方通过虚拟仿真技术建设虚拟工厂、虚拟车间、虚拟场景、虚拟设备、虚拟工艺、虚拟实验等，把工作岗位资源、中高职实习实训资源与课堂资源有效结合，同时将不同国家、不同地域的职业院校、企业社会组织的相关教育资源进行有效的整合，利用互联网技术，直观、科学地展示不同企业的生产过程，能够使学习者及时巩固课堂上的理论知识、快速掌握岗位技能，如图3-7-9所示。

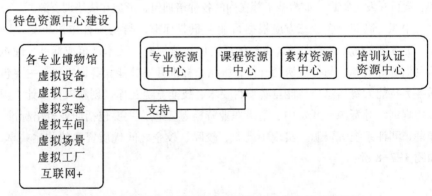

图 3-7-9　集团化办学下的中高职衔接特色资源建设构架

（七）资源管理服务平台

职业教育集团在建设共享型教学资源时，需要建设海量信息处理，分布式储存为一体的资源管理系统，为教学资源库提供全方位技术支持。该平台主要包括信息数字化采集、系统管理、信息储存、内容检索、咨询分析、数据挖掘和资源共享、推广应用等功能，如图 3-7-10 所示。

六、集团化办学下的中高职衔接教学资源建设成效

在职教集团内部建立中高职院校和行业企业的合作机制，开展中高职教学资源共建共享，能够整合和优化中高职院校和行业企业及区域的职业教育资源，引领集团内中高职院校的共建及发展，以"五位一体"（购买、搜集整合、引进改造、自主开发、共建共享）为引导，通过"多元"（院校、行业、企业）共建"多样化"（专业、课程、素材、能力训练与测试、培训认证、特色）资源，满足"多层"（教师、中职学生、高职学生、企业人员、社会学习者）应用的"三多"，实现了资源的优化配置，取长补短，避免重复建设，提高了资源的利用率。这一模式的实行促使职业院校及时调整专业建设方向，转变和建构新型的校际合作办学模式；提升教师的专业建设、课程开发能力；突破传统专业学习限制，增强学习者自主学习能力，促进校企深度融合，培养适应社会、企业、行业发展需求的人才。

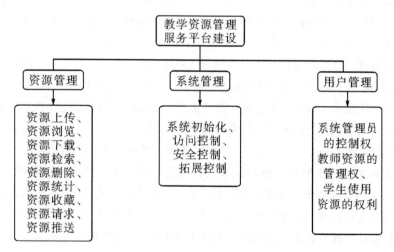

图 3-7-10　集团化办学下的中高职衔接资源管理服务平台建设构架

第四章 广西中高职衔接的实践研究

第一节 广西职业技术学院与昭平职教中心 茶叶生产与加工技术专业中高职衔接实践

一、对接学校基本情况

昭平县职业教育中心成立于 2005 年 3 月，由原来的昭平县中等职业技术学校、昭平县教师进修学校整合而成。校园占地面积 5.5 万平方米，建筑面积 18 739 平方米。现有电子商务、茶叶生产与加工、旅游服务与管理、电子电器应用与维修、计算机应用、汽车运用与维修等专业 8 个，在校学生 1 200 余人，教职工 106 人，其中专任教师 86 人，高级教师 18 人，双师型教师 30 人。拥有茶叶加工技术实训室、茶艺室、茶叶生产实训基地、导游景点实训室、旅游多功能实训室、旅行社演练实训室、电子商务综合实训室、生态旅游仿真实训室等实验实训基地 23 个。学校以"夯实基础、提升品质、办出特色、推进发展"为理念，不断加强学校校园建设，强化学校管理，推进教育教学改革，形成了就业教育和升学教育并举的办学模式，办学成效显著。学校先后被评为国家财政支持的基础能力建设项目学校，被列为"2+3"办学新模式示范学校，教师教育教学业务获区级以上奖项共 165 人次，学生参加各级专业技能大赛，获区级以上奖励共 85 人次，学生就业率达 96%。

二、双方学校对接专业的具体步骤和措施

（一）加强人才需求调研和论证，合理确定中高职人才培养目标定位

中职和高职是两个层次的教育。中等职业教育在现代职业教育体系中具有基础作用，为初高中毕业生开展基础性知识、技术技能教育，培养初、中级技能人才。高等职业教育在现代职业教育体系具有引领作用，为高中（三校生）毕业生开展理论知识、技术技能教育，培养高端技术技能人才。中职阶段人才

的培养重点是基础知识、基本技能、岗位能力和职业认知教育。高职阶段人才的培养重点是基础理论、职业能力和创业创新教育。为系统开展中高职五年一体化人才培养，双方自2014年10月8日至2015年4月30日，通过实地走访、电话访问或召开实践专家论证会，根据各自人才培养定位，按照职业技术技能标准、行业企业岗位群，进一步明确了茶树栽培与茶叶加工专业中高职衔接各自阶段人才培养目标定位，如表4-1-1所示。

表4-1-1　茶叶专业主要工作岗位职业能力对应表

主要工作岗位	职业能力	
	中职阶段	高职阶段
茶文化传播与茶艺培训	1. 礼仪接待能力； 2. 茶艺表演能力； 3. 茶艺馆服务能力	1. 礼仪接待能力； 2. 茶具鉴赏能力； 3. 茶艺表演能力； 4. 茶艺馆设计与经营能力
茶叶营销与业务管理	1. 茶叶营销能力	1. 茶叶企业经营管理能力； 2. 茶叶市场信息搜集处理能力； 3. 茶叶内贸、外贸业务能力； 4. 电子商务的运作能力
茶叶加工与质量管理	1. 加工简单茶类的基本能力； 2. 茶叶审评准备及简单操作能力	1. 各茶类加工的基本能力； 2. 各茶类品质形成的分析能力； 3. 茶叶审评与检验的基本能力； 4. 茶机操作与维护的能力； 5. 茶叶综合利用的能力
茶园无公害生产	1. 茶苗繁育能力； 2. 茶园管理能力	1. 茶苗繁育管理能力； 2. 茶树栽培管理能力； 3. 茶树病虫害防治能力； 4. 老茶园更新以及低产茶园改造能力； 5. 旅游茶园规划设计能力

（二）依托广西茶业职教集团，建立专业建设合作机制

一是充分发挥茶业职教集团的资源优势，广西职业技术学院主动对接县级中专学校、引入行业企业资源，共同开展五年一体化专业设置、共同开展专业招生，通过单独、对口招生改革，构建专业中高职衔接人才培养"立交桥"。

二是构建"人才+项目+技术"利益链，推进中高职五年一体化培养。针对中高职衔接人才培养、技术服务等重大问题，定期开展职业教育集团年会、理事会议及专业合作建设委员会等会议，为促进成员单位的交流与沟通，不定期地开展中高职合作论坛、专业建设研讨会等活动，形成多元互动机制；职业

教育集团发挥"人才+项目+技术"利益链的作用,中职学校、高职院校通过技能大赛、师资培训、专业建设与课程开发及中高职衔接项目,促进学校间利益的共享,推进中高职五年一体化培养方案的执行。

三是发挥茶业职教集团职能,共同组织送教下乡、专题研讨培训等活动,承办广西涉农职业院校技能大赛中职组手工制茶技能大赛等人才培养项目,共建昭平职教中心茶叶生产与加工示范特色专业及实训基地,搭建中高职交流平台,推进中高职五年一体化培养。

(三)多方联动,共同制定中高职衔接专业人才培养方案

依托广西茶业职教集团,广西职业技术学院与昭平县职教中心联合开展了茶树栽培与茶叶加工专业中高职一体化人才培养实践探索,为广西产茶县培养特色茶叶急需的技术技能人才。广西茶业职教集团按照一体化培养技术、技能人才的要求,整合多方资源建立一体化人才培养合作机制、运行机制、利益共享机制,统一人才培养方案、统一专业标准、统一培养模式,培养茶产业急需的技术技能人才。主要可以从以下几个方面入手:

1. 明确中高职的就业岗位和培养目标

中高职一体化的茶树栽培与茶叶加工专业,是立足广西,面向我国西南地区及东盟地区,面向茶业企业,培养具备茶树栽培与茶叶加工专业知识和技能,能从事茶园管理、茶叶生产加工、茶叶审评与质量检验、茶叶市场营销与业务管理及茶文化推广与茶艺培训等一线岗位需要的高素质、高技能型专门人才,其主要职业岗位如表4-1-2所示。

表4-1-2　茶树栽培与茶叶加工专业对口的主要职业岗位

岗位群	工作岗位	工作任务	中高职目标
茶园生产管理	茶园工	1. 茶园的规划设计; 2. 茶树栽培与病虫害防治; 3. 鲜叶采收	中职毕业达到中级(四级),高职毕业达到高级(三级)
	生产技术主管		
茶叶加工与质量检验	茶叶加工工与评茶员	1. 茶叶初加工; 2. 茶叶精加工; 3. 茶叶品质审评; 4. 茶叶品质检验	
	加工技术与质检主管		
茶叶营销与业务管理	营销员与管理助理	1. 茶叶市场调查与预测; 2. 茶叶产品的营销; 3. 茶叶企业管理	
	营销主管、企业高管		
茶文化传播与茶艺服务、培训	茶艺员(师)	1. 茶文化传播; 2. 茶艺培训; 3. 茶艺服务	
	茶艺领班、主管		
	茶艺培训师		

2. 职业能力分解与课程体系构建

根据相关企业考察调研、毕业生跟踪调查分析，结合茶叶行业、茶文化产业的实际情况，对业内一流骨干企业岗位进行筛选和归纳，确定茶叶生产加工技术专业毕业生的四个主要就业岗位群：茶叶加工与质量检验岗位群、茶园生产管理岗位群、茶叶营销与业务管理岗位群、茶文化推广与茶艺培训。召开实践专家研讨会，按照不同岗位对知识、素质、能力的要求，按照层次递进的关系，对岗位的工作任务进行归纳整理，分解出典型工作任务，参照国家职业资格标准，以职业能力培养为主线，形成学习领域课程，见表4-1-3。

表4-1-3　茶树栽培与茶叶加工专业职业能力分解与
学习领域课程表

工作岗位	职业能力	典型工作任务	行动领域	学习领域课程
茶园园艺师	绘制茶园规划平面图	茶园建设	茶园生产管理	种植基础知识
	编写茶园规划说明			
	开垦茶园			
	掌握茉莉花习性	茉莉花种植技术		茉莉花种植技术
	掌握与管理茉莉花大田种植			
	掌握茉莉花水肥灌溉技术			
	掌握茉莉花冬季防护技术			
	茶园开沟、施肥、定植	茶树育苗、茶树栽培管理与病虫害防治		茶树栽培技术
	修剪、遮阴、水肥管理			
	预防和治理病虫害			
	采收与贮运茶叶	鲜叶采收、贮运		
	更新、管理、维护农务信息	农务管理与质量追溯	茶叶质量追溯	农务管理与质量追溯
	掌握质量追溯系统使用技术			
	管理茶叶栽培过程质量追溯			

表4-1-3(续)

工作岗位	职业能力	典型工作任务	行动领域	学习领域课程
制茶师	识别茶叶机械与设备	茶叶机械与设备应用	茶叶加工与质量控制	茶叶机械与设备
	掌握茶叶机械和设备工作原理			
	调试茶叶机械设备			
	控制与维护茶叶机械设备			
	掌握各种茶类加工标准及技术规范	茶叶标准化生产		茶叶标准与标准化生产
	掌握茶叶安全生产无公害、绿色、有机食品生产标准			
	掌握摊放、杀青、揉捻、干燥的绿茶初加工技术	基本茶类加工		茶叶加工技术
	掌握萎凋、揉捻、干燥的红茶初加工技术			
	掌握萎凋、做青、炒青、揉捻、干燥的乌龙茶初加工			
	掌握杀青、初揉、渥堆、复揉、干燥的黑茶（六堡茶）加工技术			
	掌握萎凋、干燥的白茶初加工的加工技术			
	掌握杀青、揉捻、闷黄、干燥的黄茶初加工技术			
	掌握风选、色选、筛分等茶叶分级以及茶叶拼配等茶叶精制技术	茶叶再加工（茉莉花茶）		茉莉花茶加工技术
	掌握茶坯处理、鲜花的处理、茉莉花茶窨制的茉莉花茶加工技术			
	制作速溶茶	茶叶深加工		茶叶深加工与综合利用
	研发制作茶饮料			
	研发制作茶食品			
	选择茶叶包装材质、形式	茶叶贮藏与保鲜		茶叶贮藏保鲜与包装
	选择保鲜技术			
	选择贮藏条件			

表4-1-3(续)

工作岗位	职业能力	典型工作任务	行动领域	学习领域课程
评茶员	识别与选择茶叶审评用具及使用方法	茶叶感官审评	茶叶审评与品质检验	茶叶审评技术
	掌握绿茶审评标准，应用绿茶审评技术及方法，正确评价绿茶的优次			
	掌握红茶审评标准，应用红茶审评技术及方法，正确评价红茶的优次			
	掌握乌龙茶审评标准，应用乌龙茶审评技术及方法，正确评价乌龙茶的优次			
	掌握黑茶（六堡茶）审评标准，应用黑茶（六堡茶）审评技术及方法，正确评价黑茶（六堡茶）的优次			
	掌握白茶审评标准，应用白茶审评技术及方法，正确评价白茶的优次			
	掌握黄茶审评标准，应用黄审评技术及方法，正确评价黄茶的优次			
	掌握茉莉花茶审评标准，应用茉莉花茶审评技术及方法，正确评价茉莉花茶的优次			
	测定碎茶、粉末茶	茶叶品质物理检测		
	测定含梗量			
	识别茶叶品质检验仪器	茶叶品质化学检测		茶叶化学
	掌握检测仪器设备的使用及维护			
	测定茶叶含水量			
	测定茶叶灰分			
	测定茶叶水浸出物含量			
	测定茶叶氨基酸含量			
	测定茶叶茶多酚含量			
	测定茶叶儿茶素含量			
	测定茶叶可溶性糖含量			

表4-1-3(续)

工作岗位	职业能力	典型工作任务	行动领域	学习领域课程
茶艺师	掌握与展示长嘴壶冲泡技艺	长嘴壶茶艺技艺	茶文化传播与茶艺服务	长嘴壶茶艺
	掌握形体基本姿态、具备形体素质、养成形体动作协调	形象设计与形体训练		形象设计与形体训练
	掌握服饰、语言交际与社交礼仪			
	掌握玻璃杯冲泡技艺	指定茶艺		中国茶艺
	掌握盖碗冲泡技艺			
	掌握紫砂壶冲泡技艺			
	撰写茶艺文案	创新茶艺		
	设计茶席			
	策划与组织茶艺表演的音乐、服装、环境、解说及流程的艺术展示			
	撰写茶席设计文案	茶席设计		茶席设计
	设计主题选择器具			
	设置茶席			
	掌握坐姿、站姿等礼仪形态，掌握伸掌礼、鞠躬礼等茶艺礼仪	茶艺服务接待		公关与服务礼仪
	掌握茶艺服务接待流程、方法以及接待语言			
	鉴赏茶诗词	中国传统诗词音乐赏析		中国传统音乐赏析与古筝实训
	鉴赏民族乐曲			
	掌握古筝演奏姿势与手型	古筝演奏技巧		
	掌握古筝演奏的左右手技法			
	识谱演奏曲目			
	掌握茶叶功能成分及其保健功效	茶叶保健		茶叶营养
	能够根据季节、客户体质及需求，指导茶叶品类选择			
	能够利用食品安全卫生知识，指导茶叶消费及储存			

表4-1-3(续)

工作岗位	职业能力	典型工作任务	行动领域	学习领域课程
销售员	调研分析茶叶市场	茶叶营销技巧	茶叶营销与业务管理	茶叶市场营销
	掌握各种推销能力			
	挖掘准消费者需求，推广、传播和销售茶叶产品			
	执行营销方案			
	核算资产	会计实务		茶叶会计实务
	核算成本			
	核算利润分配			
	编制财务报表			
	搜集营销渠道	商务谈判		商务谈判
	沟通客户			
	促成交易			
	掌握连锁经营模式	茶馆连锁经营		茶馆连锁经营
	掌握连锁品牌、标准、文化的管理			
	收集利用信息资源	茶叶会展策划实务		茶叶会展策划实务
	构思、设计、选择合理有效的方案，实现预期目标			
	开展茶叶市场网络调研分析	茶叶电子商务		茶叶电子商务
	掌握茶叶电子商务C2C、B2B、B2C、O2O、独立商城运营模式			
	建立网店，拍摄处理商品图片			
	配送货物、物流承运			
	客户服务与管理			

学生在成长过程中不仅要熟练掌握专业技能，还要具备良好的职业道德和人文素质，不仅要掌握专业技能还要掌握职业通用能力。因此相关部门按照人才职业成长规律和教育规律，确定中高职五年一体化茶叶生产加工技术专业课程体系分为公共基础课、专业技能课和其他教育类活动四个部分；按照中高职不同学习阶段，课程体系又可以分为中职课程、中高职衔接课程和高职课程三类。其中，专业技能课又分专业平台课、专业方向课、专业技能实训项目课、顶岗实习和毕业论文设计与答辩。专业平台课程和专业技能实训项目课程是根据毕业生就业岗位（群）所需的知识、素质、能力的最基本要求而确定的，目的是实现基础职业能力培养目标。专业方向课是根据职业发展岗位的要求，拓宽知识领域，拓展职业岗位能力而设置的，目的是实现综合能力与创新能力培养目标，见表4-1-4。

表 4-1-4   茶树栽培与茶叶加工专业课程体系设计表

公共基础课	德育课	职业生涯规划（1）、思想道德修养与法律基础（2）、经济政治与社会（1）、哲学与人生（1）、毛泽东思想和中国特色社会主义理论体系（3）、形势与政策（3）、创业与就业教育（2）、安全教育（2）、卫生健康教育（3）、心理健康教育（3）
	文化课	语文（1）、数学（1）、茶艺英语（2）、计算机基础（2）、应用写作（3）、体育与健康（2）、普通话口语交际（1）、化学（1）、音乐（1）、书法（1）、大学生素质拓展活动（3）
专业技能课	专业平台课程	种植基础知识（1）、公关与服务礼仪（2）、茶叶营养与卫生（2）、茶叶标准概论（2）、茶叶化学（3）、茶叶机械与设备（2）、茉莉花种植技术（1）、茶树栽培技术（2）、茶叶加工技术（2）、茶叶审评技术（2）、中国茶艺（2）、茶叶市场营销（2）
	专业方向课程	**茶叶加工与质量检验方向**：茉莉花茶加工技术（1）、茶叶深加工与综合利用（3）、茶叶标准与标准化生产（3） **茶叶营销与业务管理方向**：农务管理与质量追溯（3）、茶叶电子商务（3）、茶叶贮藏保鲜与包装（3）、茶叶会计实务（3）、农业项目撰写与管理（3）、茶馆连锁经营（3）、商务谈判（3）、茶叶会展策划实务（3） **茶文化传播与茶艺培训方向**：形象设计与形体训练（3）、茶席设计（1）、中国传统音乐赏析与古筝实训（3） **茶园生产管理方向**：观光茶园设计与管理（3）
	专业技能实训项目课程	茉莉花品种识别与种植管理技能（1）、茶树品种识别与茶园管理技能（2）、茶叶加工技能（2）、茶叶审评技能（2）、茶艺技能（2）、茶叶营销技能（2）、职业资格培训及考试（2）
	顶岗实习	顶岗实习（含毕业教育）（2）
	毕业论文设计与答辩	毕业论文设计与答辩（3）
其他类教育活动	技能比赛	茶艺、手工制茶等（2）
	行业活动	横县茉莉花文化节、广西春茶节等（2）

备注：括号内阿拉伯数字"1"为中职课程，"2"为中高职衔接课程，"3"为高职课程。

3. 教学组织模式

在广西茶业职教集团领导下，围绕茶树栽培与茶叶加工专业核心岗位能力，广西职业技术学院与昭平县的县级中专合作，基于任务驱动、项目导向，建立校内理论实践一体化课堂与校外产学课堂交互的教学组织模式。按知识技能递进规律、企业生产规律安排课程，校企共同制定实施五年一体化弹性教学组织模式，使专业与职业岗位对接，专业课程内容与职业标准对接，教学过程与生产过程对接，学历证书与职业资格证书对接，职业教育与终身学习对接，实现中高职五年一体化人才培养目标，见图4-1-1。

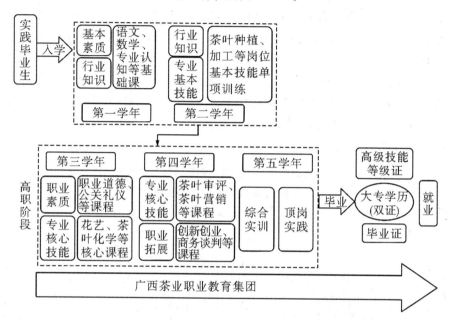

图4-1-1 "中高职一体化"工学结合人才培养模式图

如图4-1-1所示，五年一体化教学安排如下：

第一学年：主要安排基本素质、行业通用能力、专业认知课程教学。通过观摩实训基地、参观相关企业等方式，引导学生对专业形成初步认识，提高其学习积极性。设置语文、数学、政治、英语等课程，培养学生的基本文化素质。根据区域特点，开设茉莉花茶、有机绿茶、六堡茶等茶叶基础课程，帮助学生构建专业知识的基础框架。

第二学年：主要安排行业知识和专业基本技能训练。依托校内实训基地，帮助学生完成茶叶种植基础、加工技术等核心岗位能力课程知识学习和技能训练。组织学生参加职业资格培训与鉴定考试，获得茶叶加工工、茶艺师、评茶员等核心岗位的中级技能鉴定证书。

第三学年：培养学生职业素质与专业核心能力。依托校内实训基地，完成茶叶化学、茶叶生产加工、茶艺、茶园管理等专业核心课程的知识和技能学习；通过公关礼仪、形象设计与形体训练等课程深化培养职业素质。以赛促学，通过组织学生参加手工制茶、中华茶艺等技能大赛，内化专业知识，提升核心技能。

第四学年：设置茶叶审评与检验、茶叶营销、茶叶机械、茶叶综合利用等课程，继续培养学生的专业核心技能；通过创新创业、就业指导、商务谈判等课程，帮助学生拓展职业素养，提高综合能力。组织学生参加职业资格培训与鉴定考试，获得茶叶加工工、茶艺师、评茶员等核心岗位的高级技能鉴定证书。

第五学年：学生以"准员工"的身份进入企业进行顶岗实习，参加综合训练，校企双方对学生开展工作能力培养并共同考核。最终，顺利完成所有项目学习的学生获得"双证书"，即职业技能鉴定高级证书和大专毕业证书。课程教学具体进程见表4-1-5。

表4-1-5　中高职一体化茶树栽培与茶叶加工专业教学进程表
（以与昭平职业教育中心合作办学为例）

类别			序号	课程名称	学时	学分	一18	二18	三18	四18	五18	六18	七18	八18	九18	十18	考试(查)
公共基础课	德育课	必修课	1	职业生涯规划	36	2	4										考试
			2	职业道德与法律基础	84	5		4			4						考试
			3	经济政治与社会	36	2			4								考试
			4	哲学与人生	36	2				4							考试
			5	毛泽东思想与中国特色社会主义理论体系概论	64	4						4					考试
			6	创业与就业教育	56	3					4	2		2	2	2	考查
			7	形势与政策	16	1								2	2		考查
			8	入学教育及军事训练	48	2	1周				2周						考查
		限选课	9	卫生健康教育	6	0.5					2						考查
			10	心理健康教育	32	2					2	2					考查
			11	安全教育	40	2.5	2	2	2	2	2	2	2	2			考查
	文化课	必修课	1	语文	72	4	4	4									考试
			2	茶艺英语	192	11	4	4			4	4					考试
			3	数学	72	4	4	4									考试
			4	体育与健康	184	8	4	4	4	4	2	2					考查
			5	计算机应用基础	86	5	4					4					考查
			6	普通话口语交际	72	4	4	4									考查
			7	化学	36	2			4								考查
			8	应用写作	36	2					4						考查
		限选课	9	音乐	36	2	4										考查
			10	书法	36	2	4										考查
公共基础课小计					1 276	70											

表4-1-5（续）

类别		序号	课程名称	学时及学分		周课时及教学周安排										考试（查）
				学时	学分	一 18	二 18	三 18	四 18	五 18	六 18	七 18	八 18	九 18	十 18	
专业技能课	专业平台课程	1	种植基础知识	90	5			4	4							考试
		2	公关与服务礼仪	60	3		4			4						考试
		3	茶叶营养与卫生	40	2			4	4							考试
		4	茶叶标准概论	40	2				4	4						考试
		5	茶叶化学	54	3					4-7						考试
		6	茶叶机械与设备	72	4			2-4				4-7				考试
		7	茉莉花种植技术	36	2		4									考试
		8	茶树栽培技术（无公害茶树种植技术）	36	2			4								考试
		9	茶树栽培技术（绿色食品茶园栽培管理）	54	3							4-7				考试
		10	茶叶加工技术（茶叶制作工艺）	60	3			4	4							考试
		11	茶叶加工技术（工艺原理与质量控制）	60	3								4-7			考试
		12	茶叶审评技术（感官审评基础）	36	2				4							考试
		13	茶叶审评技术（茶类特征鉴别与质量检验）	54	3									4-7		考试
		14	中国茶艺（指定茶艺）	36	2			4								考试
		15	中国茶艺（茶道精神与创新茶艺）	54	3							4-7				考试
		16	茶叶市场营销（管理与营销基础）	36	2				4							考试
		17	茶叶市场营销（业务管理与推销策略）	54	3								4-7			考试
			专业平台课小计	872	47											
	专业方向课程	茶叶加工与质量检验 1	茉莉花茶加工技术	40	2		4-5									考试
		2	茶叶标准与标准化生产	40	2						4					考查
		3	茶叶深加工与综合利用	54	3								4-5			考查
			小计	134	7											
		茶叶营销与业务管理 1	农务管理与质量追溯	40	2					4-5						考查
		2	茶叶电子商务	40	2						4					考查
		3	茶叶贮藏保鲜与包装	40	2							4-5				考试
		4	茶叶会计实务	40	2						4					考查
		5	农业项目撰写与管理	40	2								4			考查
		6	茶馆连锁经营	40	2								4			考查
		7	商务谈判	40	2									4		考查
		8	茶叶会展策划实务	40	2									4		考查
			小计	320	16											
		茶文化传播与茶艺培训 1	形象设计与形体训练	40	2					4						考查
		2	茶席设计	40	2			4								考查
		3	中国传统音乐赏析与古筝实训	40	2								4			考查
			小计	120	6											
		茶园生产管理 1	观光茶园设计与管理	40	2						4					考查
			小计	40	2											
			专业方向课小计	614	31											

表4-1-5（续）

类别	序号	课程名称	学时	学分	一 18	二 18	三 18	四 18	五 18	六 18	七 18	八 18	九 18	十 18	考试（查）
专业技能课 — 专业技能实训项目课程	1	茉莉花品种识别与花园管理技能	48	2	1周		1周								考试
	2	茶树品种识别与茶园管理技能	72	3		1周	1周		1周						考试
	3	茶叶加工技能	192	8	1周	1周	1周	1周	1周	1周	1周	1周			考试
	4	茶叶审评技能	120	5			1周	1周	1周			1周	2周		考试
	5	茶艺技能	192	8	1周	1周	1周	1周	1周			1周			考试
	6	茶叶营销技能	120	5				1周	1周			1周	2周		考试
	7	职业资格培训及考试	72	3								1周	1周		考试
		专业技能实训项目课程小计	816	34											
顶岗实习	1	顶岗实习（含毕业教育）	576	24		2周		2周				4周	16周		考查
毕业论文设计与答辩	1	毕业论文设计与答辩	112	8								1周	4周		考试
		专业技能课合计	1 504	66											
任意选修课程	1	要求必选4学分	60	4							其中2学分通过选修1门学院开设的任意选修课取得，另外2学分通过参加大学生素质拓展活动取得				考查
			60	4											
其他类教育活动	1	技能比赛（茶艺、手工制茶等）	96	4		1周		1周				2周	考查		考查
	2	行业活动（横县茉莉花文化节、广西春茶节等）	72	3		1周		1周					考查		考查
		其他教育类活动小计	168	7											
		合计	4 494	225											

（四）多元融入，共同开发中高职一体化核心课程

双方以茶叶生产加工任务为载体，基于工作过程系统化进行课程开发和学习情境构建，课程内容体现地方茶产业特色，并将国家职业资格标准和行业技术规程融入课程内容，校企双方共同开发中高职一体化核心课程，包括中职特色课程、中高职衔接课程和高职课程。

1. 中职特色课程

在广西茶业职教集团的统筹下，双方对接中职学校当地特色茶业，校企合作开发具有地方茶产业特色的中职阶段技术技能课程。例如，广西横县职教中心与广西职业技术学院五年一体化培养的茶树栽培与茶叶加工专业，对接横县茉莉花茶地方特色农业产业以及茉莉花茶加工技术规程国家标准，中高职学校通过校企合作，开发了中职阶段的特色课程"茉莉花茶加工技术"，为中职毕

业生从事茉莉花茶加工工作和销售工作打下了坚实基础，该课程的具体描述见表 4-1-6。

表 4-1-6　"茉莉花茶加工技术"工学结合优质核心课程描述

课程名称	茉莉花茶加工技术			开设学期	4（中职阶段）
学时	60	学分	3	讲授学时	24	实训学时	36
典型工作任务描述	根据国家职业资格茶叶加工工岗位要求，以及茉莉花茶加工技术规程国家标准要求，使用筛网、分筛机等用具，完成茉莉花茶茶坯的制作和茉莉鲜花的养护；利用窨箱、烘干机等工具，完成茉莉花茶窨制与贮藏；利用审评杯、审评碗等审评用具，分样器、电动筛分机等检测仪器，完成茉莉花茶审评与检验
学习目标及能力考核要求	通过本门课程的学习（理论学习和技能训练），学生能够掌握茉莉花茶的基本加工工艺和应用技能，具备分析处理问题的能力，有较强的综合能力和职业综合素质，实现职业能力目标，为从事茉莉花茶加工工作和销售工作打下基础。 具体的能力考核要点如下： （1）掌握茉莉花茶制坯过程的操作技能； （2）掌握茉莉花鲜花养护和茉莉花鲜花筛选技能； （3）掌握茉莉花茶的窨制工艺和窨制技术； （4）掌握茉莉花茶贮藏保鲜与包装技术； （5）能识别茉莉花茶的类型和品质特征； （6）掌握茉莉花茶的审评与检验方法
学习内容	主要内容包括：茉莉花茶产生的历史概况，我国茉莉花茶的主要产区、广西茉莉花及茉莉花茶生产情况；茉莉花茶茶坯的处理方法和茉莉鲜花的养护技术；茉莉花茶窨制各个工序及关键技术要求，茉莉花茶包装与储运技术；茉莉花茶的类型与品质特征的识别；茉莉花茶审评与检验
教学组织形式与方法	采用任务驱动、项目导向，学做一体的教学模式。教师在教学中应注意理论结合实践，课程理论部分以课堂讲授为主，采用多媒体授课方式；各个项目的技能训练在校内实训室进行，综合实训则应结合校企合作企业生产特点，适时到企业实习
考核评价方式	本课程教学考核与评价采取笔试、口述、实操、作业展示、实习总结等多种方式，通过校内考评（学生评价、教师考评）、校外考评（行业或企业考评）等多元评价，从学生的知识、技能、态度三个方面进行考核，把学生平时学习表现、生产实训锻炼、理论考试成绩、参与企业实践活动等内容进行综合，采用过程性考核与终结性考核评价相结合，过程性考核成绩占总评成绩的60%，终结性考核成绩占总评成绩的40%。过程评价分为职业素质与操作能力评价，职业素质主要是考核考勤到岗情况；安全、卫生、环保意识；沟通、协作能力等，操作能力评价主要考核技能操作相关要点，终结性考核综合实训的产品质量和实训报告

2. 中高职衔接课程

按照技术技能人才成长规律，尊重学生认知特点，由广西茶业职教集团统领、校企合作整体设计中高职衔接课程，使得中职与高职阶段的课程相互联系、逐层递进。例如，广西横县职教中心与广西职业技术学院的五年一体化茶树栽培与茶叶加工专业"茶叶加工技术"课程，在分析知识、能力、素质情况的基础上，科学设置了中高职衔接课程：中职阶段侧重绿茶、红茶初级加工技术，要求学生达到国家职业资格茶叶加工工四级标准要求；高职阶段则要求学生熟练掌握茶叶安全清洁化加工技术，全面掌握六大茶类加工技术及茶叶深加工技术，达到国家职业资格茶叶加工工三级标准，课程具体描述见表4-1-7。

表4-1-7　"茶叶加工技术"工学结合优质核心课程描述

课程名称	茶叶加工技术				开设学期	2、3、8（中职、高职）	
中职	学时	60	学分	3	讲授学时	20	实训学时	40
高职	学时	60	学分	3	讲授学时	30	实训学时	30
典型工作任务描述	中职阶段典型工作任务描述：根据国家职业资格茶叶加工工四级标准要求，利用水筛、贮青槽等工具，能够进行绿茶、红茶的原料品质区分，能够进行制茶原料（茶树鲜叶）的准备工作；利用炒青锅、杀青机、揉捻机、烘干机工具，完成绿茶红茶的手工及机械加工制作						
	高职阶段典型工作任务描述：根据国家职业资格茶叶加工工三级标准要求，利用水筛、贮青槽等工具，熟练进行六大基本茶类原料品质区分，能够进行制茶原料（茶树鲜叶）的准备工作；利用炒青锅、杀青机、揉捻机、烘干机、摇青机等工具，完成六大基本茶类（绿、黄、黑、白、青、红）的手工及机械加工制作；利用抖筛机等工具，完成毛茶的精制加工；利用七星灶、水筛等工具完成茶叶的再加工（六堡茶等）						
学习目标及能力考核要求	中职学习目标及能力考核要求：通过本门课程的学习（理论学习和技能训练），要求学生掌握茶叶安全加工的基本理论、基本知识，中职学生掌握绿茶、红茶的加工技术，能力考核要求达到国家职业资格茶叶加工工四级水平						
	高职学习目标及能力考核要求：通过本门课程的学习（理论学习和技能训练），要求学生熟练掌握茶叶安全清洁化加工技术，全面掌握六大茶类加工技术及茶叶深加工技术，能力考核要求达到国家职业资格高级茶叶加工工三级水平						

表4-1-7(续)

课程名称	茶叶加工技术	开设学期	2、3、8（中职、高职）
学习内容	中职阶段主要内容包括：①红茶、绿茶的分类及其品质特征的基础知识，包括茶叶加工的物质基础——茶树鲜叶的理化特性及质量要求、鲜叶内含物在加工过程的变化规律。②绿茶红茶的初加工技术、加工工艺技术要点及其基本原理		
	高职阶段主要内容包括：①六大茶类（绿茶类、黄茶类、黑茶类、白茶类、青茶类、红茶类）的分类及其品质特征。②六大茶类的加工技术、茶叶精加工技术、茶叶再加工（花茶窨制）技术等。③各茶类（绿茶类、黄茶类、黑茶类、白茶类、青茶类、红茶类六大基本茶类和再加工茶类如花茶）不同品质特征的加工工艺技术要点及其基本原理，包括初加工基本原理和精加工基本原理		
教学组织形式与方法	课程理论部分以课堂讲授为主，采用多媒体授课方式。课堂讲授除需讲授六大基本茶类的初加工基本理论和基本方法及茶叶精加工理论和方法、茶叶再加工（花茶窨制）理论和方法之外，各种茶的加工技术还将向学生展示相应图片及影像资料，使学生能更好地掌握该茶类的加工技术 技能训练部分包括课程实验（课程实验为18课时）和茶叶加工实训（专业综合实践已作为实验课程另外开设）。课程实验部分主要安排与授课内容相对应的内容，包括品质形成、影响因素等方面的内容，可以进一步巩固所学基本知识，加深对所学理论知识的理解，掌握一些简单的科研方法。茶叶加工实训部分通过三个阶段完成，第一阶段是在校内实验室以手工训练为主，第二阶段在校内制茶实训中心进行大生产模拟训练，第三阶段到校外教学实训基地进行大生产一线全面实训，实训要求则按照"茶叶加工工"的工作要求进行		

表4-1-7(续)

课程名称	茶叶加工技术	开设学期	2、3、8 （中职、高职）
考核评价 方式	课程考核的知识点参照高级茶叶加工工的工作要求。采用笔试和操作技能测试相结合的方法进行课程考核。考核评价分类分项进行，课程基本理论内容采用笔试的方式进行考核，操作技能水平采用现场操作测试和完成实训报告情况相结合的方式进行考核。 （一）实践成绩考核（占总成绩50%） 考核内容包括：职业素质与学习能力、实践操作能力表现、完成任务及实训报告质量。 1. 职业素质（工作态度）与学习能力 占实践成绩的20%。考核内容包括：遵纪守时，工作认真负责、积极主动，团结协作，尊重茶厂工人及技术人员、服从安排、不破坏生产设施等。 2. 实践操作能力表现 占实践成绩的50%。考核内容包括：实习前的准备、操作规范程度、操作熟练程度和按要求执行工作任务的程度。 3. 完成任务质量 占实践成绩的20%。根据完成任务的质量标准，对每次的工作任务的完成质量进行评分。 4. 实习报告 占实践成绩的10%。考核内容包括：实习报告的格式规范性、内容完整性、真实性、实习报告完成的及时性等。 （二）理论成绩考核（占总成绩的50%） 考核内容包括：平时上课表现和期末考核。 1. 平时上课表现 占理论成绩的30%～40%。考核内容包括：没有无故旷课、迟到等现象，认真记笔记、不做与本课程无关的事、能主动参与课堂讨论等。 2. 期末考核 占理论成绩的60%～70%。考核由学院统一安排，采取卷面（闭卷）考核形式		

3. 高职课程

高职阶段的课程对技术技能的要求更高，着重培养综合能力，更为注重学生的动手能力、组织策划能力和创新能力。例如，广西职业技术学院与广西横县职教中心的五年一体化茶树栽培与茶叶加工专业，高职阶段的"茶叶深加工与综合利用"课程，要求学生具备茶饮料、茶食品、茶医药、茶酒类综合性的开发、设计与制作技能，课程具体描述见表4-1-8。

表 4-1-8　"茶叶深加工与综合利用"工学结合优质核心课程描述

课程名称	茶叶深加工与综合利用			开设学期	9	
学时	54	学分	3	讲授学时	36	实训学时	18
典型工作任务描述	根据茶叶深加工与综合利用工作岗位要求,使用浸提缸、胶体磨、夹层锅(或冷热缸)、罐装机、高压杀菌锅等饮料生产设备,进行茶饮料制作生产;使用浸提缸、干燥、杀菌、灌装、封口、包装等设备,进行茶食品制作加工。使用提取、分离、纯化等设备进行茶叶有效成分的分离制备					
学习目标及能力考核要求	本门课程要求学生在了解茶叶有效组分的保健功能的基础上,学习茶叶深加工的通用技术,掌握茶饮料加工、茶食品加工、茶医药加工、茶酒类加工及各有效成分的分离制备技术等基本知识。主要内容包括:①茶叶深加工通用技术。②茶饮料、茶食品、茶医药、茶酒类加工。③茶叶有效成分的分离制备等。学生能运用茶叶深加工的基本知识及技能进行茶饮料、茶食品、茶医药、茶酒类等方面的开发、设计、制作等,能胜任茶叶深加工与综合利用相关岗位的工作。 具体的能力考核要点如下: (1)掌握茶汤制备、干燥、分离纯化等深加工通用技术; (2)掌握速溶茶、茶叶碳酸饮料、罐装茶水、茶叶保健饮料等茶饮料加工技能; (3)掌握茶味糖果、茶味糕点、茶膳(茶饭、茶菜)等茶食品加工技能; (4)掌握茶叶汽酒、茶叶发酵酒、茶叶配制酒等茶酒加工技能; (5)掌握药物茶、保健茶等茶叶医药加工制作; (6)掌握茶叶多酚类、脂多糖、咖啡因、茶氨酸等茶叶有效成分分离制备技术					
学习内容	学生在了解茶叶有效组分的保健功能的基础上,学习茶叶深加工的通用技术,茶饮料加工、茶食品加工、茶医药加工、茶酒类加工及各有效成分的分离制备技术等基本知识。培养学生茶叶深加工及综合利用技能,掌握茶饮料、茶食品、茶医药、茶酒类及各有效成分的分离制备等方面的开发、设计、制作技能。能够从事茶叶深加工及综合利用各项具体技术开展工作					
教学组织形式与方法	围绕以学生为主体的教学理念及资源情况设计教学方法与手段。遵循高职教育的新理念,充分利用茶叶深加工与综合利用实训室的实训条件,设计教学方案和学生学习课业,采用任务驱动教学引导学生完成相应的项目任务,让学生从中学习掌握相关的知识和技能,完成教学目标					

表4-1-8(续)

课程名称	茶叶深加工与综合利用	开设学期	9
考核评价方式	以"突出过程考核"为重点进行课程考核评价。针对每个学习项目任务,设计任务完成考核指标及评分标准,重点考核学生在完成任务工作过程的表现及完成质量等情况;针对整个课程,设计课程的考核方案,加大学生在平时学习工作任务过程中的表现考核权重。 课程考核评价由期末试卷考核评价、实训考核评价两部分组成,期末试卷考核占50%,实训考核占50%。 1. 期末试卷考核 期末试卷考核主要考核各学习项目要求掌握的知识和要求,突出理论与实践考核相结合,由教师阅卷方式评定。 2. 实训考核 各学习项目实训的考核采用教师评价、小组评价、个人评价三方面进行评价考核。考核内容包括:职业素质与学习能力、实训操作能力表现、完成任务及实训报告质量		

4. 课程教学资源建设

根据中高职五年一体化课程建设要求,广西茶业职教集团负责统筹安排,由集团成员单位共同推进课程教学资源的建设、应用与共享,共同开发了中高职核心课程标准和教材,建设了课程资源库,有效促进了中高职五年一体化人才培养工作的开展。

(1)建立教学资源共建共享机制。

广西茶业职教集团发挥行业企业、科研院所、中高职学校成员的综合优势、加强成员单位之间的协调,统一优质教学资源建设目标,建立教学资源信息共享机制、教学资源优化配置机制、教学资源项目建设机制、教学资源共建共享机制,实现了资源共享、优势互补,形成中高职一体化育人合力。

(2)开发核心课程标准。

根据中高职培养目标和岗位能力要求,对接国家职业资格标准和生产技术规程国家标准,校企合作共同开发了高职6门核心课程标准和中职5门核心课程标准,其中,高职的课程标准有"茶树栽培与病虫害防治技术""茶叶生产加工""茶叶审评与质量检验""中国茶艺""民族茶艺与外国茶艺""茶叶网络营销贸易综合实训",中职的课程标准有"茶树种植与管理""茶叶加工""茉莉花茶加工技术""茉莉花种植技术""中国茶艺"。

(3)开发中高职课程教材中。

以职业性、开放性、实践性为特征,结合中高职学校服务的地方特色茶产业,以工作过程为导向,校企合作开发任务驱动、项目导向的核心课程教材。目前,研究组已开发8门中职和高职核心课程教材,包括"茶叶标准化生产加工技术"、"农产品质量追溯"（以茶叶为例）、"茶叶审评与检验"、"茉莉花种植技术"、"茉莉花加工技术"、"昭平红茶加工技术"、"名茶品鉴"、"茶叶机械与设备"。

（4）建设共享教学资源库。

广西茶业职教集团以信息平台为支撑，建立优质教学资源库，资源库具有"能学辅教"的功能，同时满足集团企业单位员工培训需要，实现了资源共享。建设有"茶叶生产加工"国家课程资源库（已经列入国家职业教育园艺技术专业教学资源库项目）、"中华茶文化+非遗文化"民族文化传承与创新国家职业教育专业教学资源库备选库，建有包括"茶叶网络营销"、"中华茶艺"、"茶叶审评与检验"等一批网络课程与慕课。

5. 制定课程考核评价标准

校企合作共同制定课程评价标准，根据中高职不同阶段的要求，以能力为核心，对接职业资格标准，建立知识、能力和素质多元内容的评价办法，建立行业、企业、学校、学生共同参与的职业资格鉴定、工学结合课程、顶岗实践环节的多元主体的评价办法，建立教学过程性考核与终结性考核相结合的多元手段的评价办法，增加实践能力和操作技能的考核比例，加强项目式课程和任务驱动式课程的现场操作与答辩相结合的考核，拓展以技能大赛代替课程考核的替代性考核。

（五）基于广西茶业职业教育集团，共建中高职五年一体化师资队伍

1. 多渠道支援中职师资，建设互帮互助的教学团队

一是利用信息化教学手段，远程输入师资力量。2016 年，广西职业技术学院以广西茶业职教集团为平台，投入 70 多万元，用于在横县职教中心和昭平职教中心建立远程双向教学视频系统，开启中高职茶树栽培与茶叶加工专业远程教学新模式，有效解决了县级中专教学资源不足的问题。广西职业技术学院茶业教研室的两位教师分别运用远程双向教学视频系统对中职学校开展"茶叶加工及质量控制"、"中华茶艺"课程基础讲解，为中高职五年一体化高职阶段学习奠定基础。

二是结合中职校实际需求，送教下乡进基层。加强中高职师资纵向之间的贯通，结合中职学校实际情况，送教下乡进基层。广西职业技术学院根据中职学校需求，多次选派茶树栽培与茶叶加工专业教师前往中职学校进行茶叶加工、茶叶审评、长嘴壶茶艺以及中华茶艺的课程教学。教师到中职学校不仅要承担专业课程教学，更重要的是要手把手指导中职教师开展课程教学设计，帮助中职校老师提升专业技能。

三是选拔优秀高职学生，开展师资定向培养。针对中职学校教师缺乏、专业技能薄弱的现实问题，广西茶业职教集团依托广西职业技术学院开展中职实训指导教师的定向培养。从学院茶树栽培与茶叶加工专业选择操作能力强、专业知识扎实的学生进行定向培养，考核合格后派到中职学校担任实训指导教师。定向培养项目已向横县职业教育中心、昭平职业教育中心以及广西正久职业学校等合作学校输送 8 名高职毕业生，有效提升了中职学校实训教学水平。

2. 面向中职师资开展多样化的培训，提升教师综合素质

加快推进中职学校茶树栽培与茶叶加工专业发展，培养理论与实践操作于一体的专业优秀教师。依托广西茶业职教集团平台，广西职业技术学院通过国家培训项目、专题研讨培训项目、技能大赛规则培训项目等，邀请行业企业专家和高校教学专家联合授课，对昭平县职教中心专业负责人、核心课程老师进行专业知识与技能、核心课程教学设计以及信息化教学的培训；针对中高职五年一体化人才培养模式改革，广西职业技术学院先后与对口帮扶学校联合开展了十多次师资培训及教学改革研讨活动，培训县级学校专业教师 50 人次，不断提高中职院校教师教学能力和科研能力，推动中高职五年一体化师资队伍建设。

3. 强化兼职教师队伍培养，优化教师队伍结构

依托广西茶业职教集团，逐年从紧密合作的茶叶企业聘请有一定理论水平和实践经验丰富的专家、技术骨干组建企业专家库。结合区域茶产业特色和中职学校课程实际需要，每年从企业专家库中推荐行业专家或技术骨干 20 名，担任中职学校兼任教师，扩充中职学校兼职教师的数量，优化教师队伍结构。

（六）校企合作，中高职一体化开展实训基地建设

1. 中高职实训基地整体规划一体化建设

广西茶业职教集团下设有实训基地建设委员会，建设委员会统筹整合集团内中高职院校实训基地资源，优化实训基地布局，形成中高职五年一体化实训基地整体规划方案。依托职教集团，实训基地建设委员会以满足适用茶叶专业实训教学为要求，以县级综合改革和自治区示范专业及实训基地为抓手，指导各中职学校根据中高职衔接一体化实训基地整体规划建设的要求，开展实训基地建设。同时以打造全国一流、凸显民族文化传承和东盟国际化特色为目标，建设集团内高职院校实训基地建设，满足茶叶专业高端技能型人才培养的需要。

2. 中高职实训基地功能一体化建设

根据中高职五年一体化教学和社会服务的要求，集团内中高职院校的实训

基地以教学、培训、鉴定、服务和技能比赛等五位一体的功能进行设计。第一，在教育教学功能方面，实训基地以满足专业基础技能训练和企业岗位技能培养为前提，同时积极开展生产性实训，充分发挥实训基地在教学方面的作用。第二，在职业技能培训方面，充分利用实训基地丰富的教学资源、人才资源和技术优势，面向社会及企事业单位开展茶叶生产实用技术培训和茶文化职业技能培训，使之成为服务地方茶产业的职业技能培训基地。第三，在职业技能鉴定方面，依托集团内广西职业技术学院的农业部224职业技能鉴定站，在集团成员单位内的实训基地建立多个技能鉴定点，由集团统筹开展茶叶多个工种的技能鉴定，满足集团内中高职院校师生和企业员工技能鉴定的需要。第四，在技术服务方面，集团内中高职院校实训基地与集团内的科研院所合作，积极开展涉茶的各类科研和技术服务，服务广西茶产业的转型升级。第五，在技能大赛方面，集团内中高职院校实训场所和设备的建设和配备，要对接国家和广西技能大赛的标准，校方组织学生开展技能大赛训练，通过以赛促教、以赛促学，切实提高学生的技能水平。

3. 中高职实训基地标准一体化建设

在广西茶业职教集团实训基地建设委员会的指导下，建立中高职五年一体化实训基地建设实训室设置标准、设备配备标准和管理标准。实训基地按照满足产业一条龙实训要求及区域行业企业先进性标准、满足区域乃至全国技能大赛标准要求进行建设。首先，实训室设置方面，明确校内实训基地设置需要满足手工制茶、机械自动化制茶、茶艺审评、茶艺实训等实训开展的需要，并按相应的标准完善实训室内部布局。而校外实训场地，集团按照配备茶园、茶叶加工实训场地等要求，遴选了一批满足学生需要的校外实训基地。在设备配备标准方面，要充分对接实训教学功能，制定主要设备的性能指标、设备规格及数量，并以此指导各个学校制定基地设备招标采购方案。在管理标准方面，集团要求制定实训基地的各项管理制度如基地人员管理制度、指导老师管理制度、实训学生（员）管理制度、安全制度、卫生制度、考核评价制度等，按照制度标准要求进行管理。

4. 中高职实训基地资源应用一体化建设

在建设中高职五年一体化实训基地时，依托广西茶业职教集团网络教学平台，开展实训基地资源应用一体化建设。一是组织开发实训项目，建设教学案例库和教材、讲义，并在集团内各院校推广应用。二是共享仿真教学软件、多媒体教学软件等实践教学软件，有效解决中高职茶叶专业实践教学资源不足的问题。三是建立远程双向、实时、可视化教学与培训系统，整合集团内教学资源、生产资源和信息资源，构建空中课堂，将企业生产现场和教学现场相连接，使企业技术人员、教师、学生和员工可以互通，从而实现远程教学和远程培训，节约了教学成本，提高了教学效率。四是促进教学资源库的共建共享。集团内的广西职业技术学院牵头联合集团成员单位以及全国涉茶职业院校，共同整理挖掘全国主要茶叶产区的茶人、茶事、茶史、茶技、茶器、茶艺的传统非遗茶文化，建立面向东盟国家的网上茶文化博物馆，建成了"中华茶文化传承与创新"国家职业教育专业教学资源库备选库，并开放给中职学校单位，促进了资源的共享。

三、经验和特色

（一）中高职协同，人才培养过程体现技能生成的层次递进性

中高职衔接人才培养的起点是初中毕业生，根据其自主学习能力欠佳、思维模式尚未形成等特点，中职阶段（前两年）旨在培养和提高学生的理解能力、学习能力与专业基础技能；高职阶段（后三年）则是中职阶段课程的延伸和提高，课程设置侧重于培养人文素养、职业素质、专业综合能力与创新能力。中高职一体化递进式的培养有利于强化学生的动手能力和丰富学生的知识结构。

（二）多方参与，共同制定中高职衔接人才培养方案

广西茶业职业教育集团组织开展中高职衔接人才培养调研，通过对行业成员单位、企业成员单位调研，准确掌握行业、企业的人才需求及岗位及所具备的能力；通过对中等职业学校、高等职业学校成员单位进行调研，掌握中职学校和高职学院茶叶专业的办学实力、办学效果及中职学生升学的意愿，形成中高职衔接专业人才需求调研报告；最后由学校、企业、行业多方共同制定和实施专业人才培养方案。

（三）产教融合，共建共享优势资源，推进协同育人创新

集团以"项目+人才+技术"为利益纽带，通过专业建设、课程开发、师资培训、技能大赛、员工培训、茶文化研究推广、茶产业关键技术研究推广等教学研究项目和科技服务项目的合作，构建行企校研协同育人机制，激发集团办学内生动力，促进行企校研的跨界深度合作；通过共建示范特色专业及实训基地、共同推进教学资源库建设、共同承办各级各类技能大赛、共同开展师资培训等方式，提升中高职衔接办学的影响力和办学实力。

第二节　南宁职业技术学院与南宁市第六职业技术学校高星级饭店运营与管理专业中高职衔接实践

南宁职业技术学院酒店管理专业是国家示范性重点建设专业、自治区示范特色专业及实训基地建设专业，该专业拥有雄厚的"双师型"队伍，一流的实训室，为培养广西培养了大量的酒店行业人才。该专业现与南宁市第六职业技术学校等 7 所中职学校开展中高职衔接项目，经过数年的探索与实践，形成了富有南宁职业教育特色的多主体联合育人的"多元融合"人才培养模式。

一、对接学校基本情况

南宁市第六职业技术学校是南宁市教育局直属公办学校，前身是南宁市第六中学，1985 年其改办职业高中，2000 年被教育部认定为国家级重点职业学校，是国家第二批中等职业教育改革发展示范学校。目前，学校有专任教师 237 人，生师比为 19.4∶1；有"双师型"教师 111 人，占专任教师的比例为 77.62%；有本科以上学历专任教师约 234 人，占所有教师比例约 98.73%；有硕士以上学历专任教师约 34 人，占比例 14.35%；专任教师高级职称教师 48 人，占比例 20.25%。

南宁六职校高星级饭店运营与管理专业创办于 1997 年 9 月，是一个有着 24 年办学历史的老牌骨干专业。该专业下设有高星级饭店运营与管理、西餐服务与烘焙制作、烹调工艺与营养三个专业方向，主要为各大星级酒店、知名餐厅、连锁烘焙店等各类企业培养具有较好的人文修养，掌握酒店服务、烘焙制作、烹调等相关技能，具有一定的应变能力和良好的服务意识，能胜任酒店服务、面点制作、中西菜点烹饪等工作，具有公民基本素养和职业生涯发展能力的中等应用型技能人才。该专业现有在校生 415 人，专职教师 17 人。

该专业依托国家改革发展示范校建设及自治区示范特色专业建设平台，坚持以人才培养模式研究为专业建设工作的重心，在充满探索、创造和建设的氛围中，扎实推进人才培养模式改革。其先后与南宁饭店、好友缘国宴餐饮有限公司、南宁沃顿国际大酒店、南宁红林大酒店开展校企合作，与南宁职业技术学院、广西经贸职业技术学院等多家高职院校建立了"2+3"合作办学。专业师资力量雄厚，教学质量过硬。专业学生多次参加各级各类专业技能竞赛取得佳绩。多年来，学生的就业率均在 98% 以上，毕业生质量获得社会广泛认可。

二、酒店管理专业中高职衔接的举措

（一）深化校企合作，推进中高职衔接专业人才培养模式改革

人才培养是职业教育教育教学的根本所在，也是彰显职业教育属性的集中体现。中高职衔接的人才培养不仅仅要考虑职业人才的普适性定位，同时更需要从人才在学制转换过程中的特殊性来探索特有的人才培养。

1. 构建多主体联合育人的"多元融合"人才培养模式

学校酒店管理依托行业优势，由专业带头人牵头，联合中职学校、广西壮族自治区文旅厅和南宁市文化和旅游局等单位合作，借助学校的专业优势、人才优势和资源优势，对区域酒店及餐饮类人才需求及发展进行调研分析，同时对中职学生的专业基础、技术技能、职业倾向等进行深入的调研。此基础上，联合各合作企业成立酒店管理专业委员会，形成稳定长效的"评估—调研—修订"机制，探索与实践酒店管理专业订单班人才培养模式，同时提高酒店管理专业服务地方经济的技术水平。

2. 纵向贯通中高职、高本系统衔接人才培养模式改革

酒店管理专业继续探索"2+3"一贯制中职学校及"3+2"本科院校对口专业人才培养全过程，参与人才培养方案的修订，为形成实现培养层次的向上递进、培养人才目标的系统分层的人才培养方案提出积极的建议，树立专业认同和文化认同。在社会培训、职业技能鉴定方面开展联动，促进中职院校、高职院校和本科院校三方优势互补，充分把握职业教育"立交桥"的定位，打造人才培养教育链，提高区域职业教育人才培养水平，形成更具影响力的人才培养品牌群。

图4-2-1为南宁职业技术学院酒店管理专业与南宁市第六职业技术学校高星级饭店运营与管理专业开展人才培养模式改革座谈会。

（二）建立"中职—高职—企业"三主体专业育人培养体系

在校企合作、产教融合的背景下，学校与南宁市第六职业技术学校、企业建立了三主体专业育人培养体系，一方面，突出三主体的地位，高职、中职、企业是中高职衔接的主体，也是基于技术技能积累形成所必需的三大主体，因此中高职衔接必须要建设多主体培育。酒店管理专业定期招生就中职、高职、企业三方人才培养召开研讨会，就专业发展定位、各岗位技能需求、学生职业生涯发展等深入开展研讨，通过研讨使专业办学方向更加清晰、学生发展定位更加明了、课程教学体系实现互融。另一方面，酒店管理专业加强中高职衔接中专业内部结构的衔接。将职业道德、素质教育和养成教育列入职业教育人才

培养全过程。加强教育教学组织职业教育人才培养的无缝链接。经过中职、高职与企业三方研讨，进一步优化了工学结合实训设计、组织学生赴南宁市内品牌酒店参观，以产业岗位为指引，开展文化认知体验，大力发展素质教育，重视学生的职业道德教育和法制教育，重视培养学生的诚信品质和创新精神，使产教融合推动专业群文化育人工程。

图4-2-1　学校酒店管理专业与南宁市第六职业技术学校
高星级饭店运营与管理专业开展人才培养模式改革座谈会

（三）建设以标准化、网络化为核心的中高职衔接的课程体系

酒店管理专业在与南宁市第六职业技术学校合作过程中，学校积极探索国际化课程标准体系建设，并以国际化、网络化为核心开展中高职衔接的课程体系建设，使中高职课程无缝链接，实现课程的共建、共享。

在南宁市第六职业技术学校高星级饭店运营与管理专业开展人才培养调查工作中，编者发现酒店管理专业不能仅仅停留在国内标准层面上，中职所培养的专业人才已经可以达到国内酒店人才需求，因此高职酒店管理专业要寻求更高的标准来培养学生。因此，酒店管理专业依托国际行业标准、引进美国饭店协会课程标准，建设期内将美国饭店协会教育学院课程与院内课程进行深入对比研究，并且结合中高职衔接课程的实际情况，编制了富有南职特色的中高职衔接课程，包括"当今饭店业""餐饮经营管理""前厅部的运转与管理""饭店客房经营管理""饭店与旅游服务业市场营销""饭店业人力资源管理"

6门优质课程，与院内课程进行深入融合，打造凸显国际背景、区域领先、业界赞许的课程建设体系，从而实现具备国际视野、掌握国际先进酒店管理理论及服务能力的人才培养目标。同时，酒店管理专业与南宁市第六职业技术学校全面推进专业核心课程的资源化、网络化建设，加快教学方法的信息化改革。积极开发网络课程及课程资源库建设，以实现课程资源的共建、共享。并且，学校还在超星等网络课程平台建设了一批中高职共用、共享的网络课程资源，解决了中高职衔接中课程的不对接的问题。

（四）全面推进"教师、教材和教法"的全方位改革

自南宁职业技术学院酒店管理专业与南宁市第六职业技术学校高星级饭店运营与管理开展中高职衔接以来，学院不仅仅重视学制和学生之间的衔接，更为重要的是，学院还推进了"教师、教材和教法"的全方位改革，以实现"教师、教材和教法"三方面的中高职衔接。

1. 推进中高职教师之间的衔接工作

为了推进中高职衔接工作，提升专业对接的有效性，学院酒店管理专业与南宁市第六职业技术学校高星级饭店运营与管理制定了定期交流和沟通的常态化机制，针对衔接中遇到的问题，两所学校的教师开展教师之间的协同性教学，以保障中职学生能够在学制转化的过程中，尽快地适应不同教师的教学方式、教学方法以及教学资源配置等。

针对中高职衔的教育教学的实际需求，学校酒店管理专业着力打造一支适应中高职衔接的专项技能教师团队。第一，基于中高职衔接班学生的培养定位，酒店管理专业积极推动"注册饭店业教育导师CHE"认证培训，旨在打造国际化职业资质的高水平师资团队。发挥美国饭店协会教育学院全球教育联盟院校优势，推动教师参加"注册饭店业教育导师CHE""注册饭店高级培训师"等认证培训，任务期内力争团队国际职业证照持有率达100%，提升基地师资团队培训能力。第二，基于部分中高职课程同质性的问题，学校酒店管理专业团队开展创新思维训练定制培训，打造创新创意团队，提升教师教育教学的能力。酒店专业团队派出教师在国内或境外参与创新思维训练培训，通过培训，切实提高教师创新意识和创新能力，形成创新创意师资团队，为开发"创新思维训练"课程创造条件。同时教师创新思维能力的提升，也活跃了课堂气氛，激发了学生参与学习专业的积极性和主动性。第三，开展教育教学信息化培训，打造信息化教学团队。组织教师参加信息化教学培训，鼓励年轻教师采取参加各类信息化教学比赛的方式，提高信息化操作水平，选拔产生一批信息化技能操作高手，带动全体专业教师在未来两年内熟练掌握运用各种信息

化手段进行教学。第四，加强校企合作，提升为专业群输送"双师"型教师的能力。利用战略合作伙伴万豪国际集团的实训基地，每年输送至少4位教师到上海、深圳等一线城市国际品牌酒店挂职锻炼，提升师资团队的"双师"素质。第五，与南宁市行业主管部门紧密合作，鼓励教学团队开展科研，提高教学团队的教学能力与科研能力，积极推荐专任教师作为外聘专家参与行业企业的业务运作、业务培训等工作，提高技术服务能力。

2. 推进中高职教材的衔接与改革

在开展中高职衔接工作过程中，编者发现中高职的教材以及课程设置存在着同质化的问题，甚至高职学习的有些教材和课程都是学生在中职阶段学习过的。针对这一问题，学院酒店管理专业与南宁市第六职业技术学校高星级饭店运营与管理团队共同制定了人才培养方案，设置好一贯式的教材和一贯式的课程，使教材以及课程实现无缝链接。同时，考虑到中职学校重视技术技能训练的特点，学校酒店管理专业为凸显出酒店管理的职业特点和特色，制定了酒店管理专业国际化课程标准体系、开展了酒店管理专业英语教学效果提升工程以及课程信息化及课程资源库建设工程。全面推进专业核心课程的资源化、网络化建设，加快教学方法的信息化改革。建设期内切实加大超星网络课程平台已有专业课程的使用力度，在使用人数、使用人群、使用效果方面均有显著提升；继续在该平台新建一批网络课程，并根据行业发展不断修订、完善已有课程资源。

3. 创新中高职衔接教学方法的使用

针对中高职衔接班学生的自身特点，传统式的教育教学方法无法激发学生的学习兴趣。因此学校酒店管理团队在开展行业调查研究的基础上，开展了教育教学方法以及教学方法载体的改革。

第一，启动紧缺人才提升工程。基于酒店行业最紧缺的是英语型人才的特点，学院以酒店服务和酒店管理工作过程为轴心，以岗位英语知识和现实英语能力运用为内容，启动"双课堂教学、双技能培养、双环境育人"的英语教学效果提升工程。"双课堂"是利用现实课堂和虚拟课堂创新教学方式，提高教学效率；"双技能"是培养学生具备"英语应用"和"酒店服务"两种核心技能；"双环境"是指建立和专业实践教学体系紧密结合的校内实训和校外实习实训双环境。探索改革酒店英语教学模式，通过引进美国英语3A培训，充实英语教学考证体系，制定考证奖励办法，多渠道、多环节地实现专业英语教学效果提升。

第二，创新教育教学方法。学院酒店管理专业结合餐旅类专业学生实际和旅游业发展情况，与专业群人才培养模式改革相适应、与项目教学改革实践相融合，从教学方法、课程内容、考核方式等内容深化创新创业教育改革，在限选课中开设创新思维课程，促进学生创新能力与专业能力的融合与提升。同时，改革原有灌输式的教学方法，转为尊重学生的创意，引导学生参与职业技能大赛。学校通过组织学生参加"挑战杯——彩虹人生"创新创效创业大赛、万礼豪程"未来职业挑战赛"、广西创业大赛和中国"互联网+"大学生创新创业大赛等一系列创新创业比赛，树立典型教育标杆，实现"面向全体、全程施教；理实一体、多元培育；集聚资源、指导帮扶"的创新创业教育发展路径。另外，突破传统毕业设计模式，选取体现创新创业教育的专业课程如"餐饮经营管理""饭店与旅游服务业市场营销""会议管理与服务"3门课程，以课程中某一素质能力要求的知识点为项目创新毕业设计，让学生真正参与其中，激发其创新创业思维，培育其创业意识。此外，学校还应开展如"现代食品加工技术在餐饮行业中的应用与发展""食品标准化研究在现今传统餐饮行业的应用""中西结合的创新桂菜设计与制作""糖艺技术在餐饮中的创新应用""创意水果拼盘""创新烹饪技术在餐饮行业中的应用"等主题的讲座，以及依托该专业的研究中心或工作室开展的各类活动，让学生在校园里就能真正了解到社会各类餐饮行业的发展，并加入各种社会服务中，帮助学生形成思考、提升创新和创造精神以及终身学习的能力。

（五）以行业设备设施水平为标准开展实训条件建设

学院酒店管理专业与南宁市第六职业技术学校高星级饭店运营与管理专业都要拥有一流的实训条件，在衔接过程中，学院酒店管理专业紧紧对接高职院校人才培养的定位，以行业与岗位人才需求为导向，以专业特色建设为突破口，以行业设备设施水平为标准，开展中高职衔接的实训条件建设活动。同时，为了提升实训室使用的效率，专业衔接的两所学校实现了实训室的同享，进一步拓展了实训室的使用范围和功能。

新增改建校内实训基地。在与南宁市第六职业技术学校高星级饭店运营与管理专业对接后，学院酒店管理专业以人才培养为根本，升级、改造了调酒实训室、茶艺实训室、客房实训室、中餐服务实训室、西餐服务实训室等酒店管理专业实训室。同时，学院全面提升了实训室设备实施水平，使实训室设备与国内行业水平保持一致，部分实训室设备实施达国际行业水平要求，力争在学校建成区内一流的专业群实训基地。

同时，学院酒店管理专业深度开发融合酒店管理专业校外实训基地企业。除了将南宁市第六职业技术学校高星级饭店运营与管理专业实训室纳入专业共享实训基地之外，逐步开发国际品牌合作企业，使国际品牌合作企业达校外实训基地达的80%。每个专业与至少一家国际品牌企业在实习实训、教师挂职、协同育人方面建立深度校企融合，使中高职衔接的学生可以享受到国内一流的实训设备。

深化校内实训基地运行机制改革，提升实训室内涵建设。通过强化实训室4D管理制度实施，完善现有的实验实训室管理制度，提升校内实训基地参与人才综合能力培养水平，以确保实训室的健康有序运行。丰富实训基地对外服务的功能，以扩大专业的知名度和社会影响力，包括承接各类技能大赛、社会培训、师资培训、技术研发项目等活动。

三、取得的经验

南宁职业技术学院与南宁市第六职业技术学校高星级饭店运营与管理专业中高职衔接教育实践，虽然在实践过程遇到过困难和问题，但是两所学校坚持人才培养为根本原则，积极打通职业教育中高职体系，从顶层设计、中端实施、多方融合、结构建构四个方面总结出了一些经验和做法。

（一）顶层设计：做好中高职衔接政策的落实、制度的制定和教育资源的分配

首先，学校要做好中高职衔接政策层面上的设计和规划，通过促进、引导中职、高职和企业三方主体介入中高职衔接工程，为开展衔接工作提供科学性与可行性的依据；其次，学校要制定好制度性的规范。制度要有根本性、全局性、稳定性和长期性。中高职衔接工程是现代职业教育体系的重要环节，开展衔接工作是一项长期性与探索性、艰巨性与责任性相结合的工作，因此学校要做好具体制度上的设计和规划，为中高职衔接项目提供具体性的指导意见和制度层面的保障，包括政策落实、经费来源、技术保障、制度支撑、人员体系和实施明细等，为开展衔接工作提供指导性的意见和建议；最后，基于社会服务职能以及利益主体介入为逻辑出发点，学校要科学、合理、有序地分配中高职招生的名额，这样才能在中高衔接的框架结构中整合利益主体机构，调动各方参与者的积极性和主动性，规范各利益主体之间的利益关系和责任关系，实现结构内部的合理配比。

（二）中端实施：加强中高职衔接内在衔接要素的对接、构建衔接实施平台

中职、高职作为中高职衔接中层利益主体，对于开展中高职衔接工作的落地、实施、诊断、整改具有直接的功效。但是长期以来，中高职衔接陷入了片

面的"学制化"衔接的尴尬境地，出现了低效衔接等办学窘境，影响了中高职有效性衔接、深化式衔接和拓展性衔接。因此，在学院酒店管理专业与南宁市第六职业技术学校高星级饭店运营与管理专业衔接过程中，学院制定了衔接工作的全过程管理制度。从学制衔接的角度来看，中高职衔接是一种定向培养、定向升学、定向育人的连续性人才培养行为，其呈现出一定的阶段性与连贯性共存的现象。就哲学角度来看，阶段性与连贯性是对立的两个概念，阶段性强调学制的分离，是属于中高职衔接的实然状态，而连贯性强调学制之间的衔接，是属于中高职衔接的应然状态。因此，在实然状态下，中高职衔接不应该是碎片式、割裂式的衔接表征形式，而应该是全方位的立体衔接，具体包括人才培养目标衔接、教学衔接、课程衔接、实训衔接、教学标准衔接、课程标准衔接甚至还包括文化衔接、心理状态衔接以及职业教育认同感等多种结构性的衔接，而这些衔接形式势必是有效的、无缝的，这样才能实现衔接的内在价值和意义。同时，我们也应该看到中高职学校在地缘等因素的客观存在背景下，中职与高职多层次、内部结构性衔接缺少衔接媒介，导致其中出现衔接不畅、低效等问题。学院与南宁市第六职业技术学校开展中高职衔接的过程中，虽然两者同属于南宁市辖区内，但是毕竟两所学校水平之间还存在着一定的距离。基于此，中高职学校应该搭建开放式的衔接平台，其既可以是实体的平台（组织机构、定期会晤机制、互设办学联系处、共享实训基地等），也可以是虚拟的平台（中高职衔接精品课程共享开放资源平台、中高职衔接专业教学资源共享库等），这样才能使双方衔接的各个要素在同一个平台上实现共建、共管与共享，提升两所学校中高职衔接的有效性。

（三）多方融合：鼓励企业实施主体介入、多层次参与衔接项目

相对于中高职学校来说，企业并没有直接参与到中高职衔接的具体衔接过程中去，而是通过对适配性人才的诉求来表达一种社会认同感。同时，我们也应该看到，学院酒店管理专业也是通过校企合作等方式提升专业的办学能力，但是在中高职衔接过程中如何提升企业的参与度便成为中高职衔接亟须解决的问题。在学院酒店管理专业与南宁市第六职业技术学校高星级饭店运营与管理专业衔接的过程中，学院将中职、高职与企业结成了发展共同体，使企业全程介入中高职衔接的人才培养过程中。同时，为了实现三方都能深层次参与中高职衔接过程，学校引导企业在校企合作内容的结构上实现中高职衔接班级多层次、立体化的衔接。其中，多层次是要引导企业在参与中高职衔接需要"中职—高职学制"连贯性的开展校企合作，以实现人才培养理念、目标、定位、能力结构的一贯畅通；而立体化是强调企业必须要与职业学校协同构人才培养

目标、专业内涵建设、课程内容的设置与配比、实训教学体系、人才就业等立体式衔接，这样才能使中高职衔接与企业能够无缝链接。

（四）结构建构：以教学模式衔接为内核，规范各要素结构性标准的制定

学院酒店专业在办学的实践中发现，培养高技术技能型人才是职业教育特有的教育属性，而人才的培养往往取决于教学模式的科学性和适配性，而教学模式并不是简单的教学过程或教学结果，而是基于特定教学理论，应用于教学实践的，有一定逻辑线索、相对稳定的教学活动结构。而这种教育活动结构是一个系统性与复杂性并存的合理结构，包括组织教育教学在内的所有要素，在一定的结构性和系列性相结合的条件下开展的教学活动。因此，在学院酒店管理专业与南宁市第六职业技术学校高星级饭店运营与管理专业中高职衔接的过程中，中高职学校主要负责微观层面的衔接，其中以教学模式为核心的衔接尤为重要。同时，在地缘、空间和时间等异化因素的客观背景下，中高职教学模式衔接还需要规范各要素结构性标准的研制工作，尤其是酒店专业教学标准衔接、课程标准衔接等核心要素的标准更为重要。因此，构建以教学模式衔接为内核，规范各要素结构性标准化的研制便是中高职教学模式衔接的关键，衔接结构性标准可以使中高职学校在标准化的教学模块中实现无缝链接，而不至于由于标准差异而产生衔接上的"水土不服"或是"错位前行"。

第三节 广西工业职业技术学院与桂平第一中等职业学校汽车检测与维修技术专业中高职衔接实践

一、对接学校基本情况

桂平市第一中等职业技术学校创办于 1986 年，是全国第二批职业院校数字化校园建设实验学校、广西中等职业教育示范特色学校第三批立项建设单位、全国"扫黄打非"进基层示范点、首批自治区"扫黄打非"进基层示范标兵点。学校规划用地面积约 65 667 平方米，建筑面积约 7 万平方米，学校实训设备总值 3 438 万元，现有专任教师 217 人，其中经自治区教育厅认定的双师型教师有 125 人。现有在校学生 4 341 人，开设有汽车运用与维修、电子商务、计算机应用等 11 个专业，其中汽车运用与维修等 5 个专业是自治区示范特色专业。

近几年来，学校积极践行"产教融合，校企合作"的人才培养模式，努力构建中高职教育衔接的现代职教"立交桥"，2014—2016 年，学校连续 3 年荣获县级中等专业学校综合改革优秀奖。

2018 年，学生参加广西中职生技能大赛再创佳绩，共获 18 个奖项，其中有一等奖 1 个、二等奖 6 个、三等奖 11 个。

近年来，桂平市第一中等职业技术学校先后加入了中德职业教育产教合作联盟、广西茶叶职业教育集团、贵港市职教集团等合作办学组织。学校坚持以"完善职业教育和培训体系，深化产教融合、校企合作"的战略方针为指导，积极深化校企合作，其中电子商务专业、食品生物工艺专业均设立了校企合作订单班。同时，学校还与桂平市西山风景名胜区、西山泉国际生态旅游文化综合区等多家市内外知名企事业开展校企合作，为学生的实习就业提供了强有力的保障，2019 年学校毕业生的就业率为 95% 以上。桂平市第一中等职业技术学校始终不渝大力弘扬"劳动光荣，创造伟大"的时代风尚，为广大青年实现梦想搭建多元成才之桥，为地方经济发展源源不断地输送优秀人才。

二、双方学校对接专业的具体步骤和措施

1. 确定"2+3"模式学制

在充分考虑了经济社会发展需要和企业相关职业岗位的要求的基础上，广西工业职业技术学院与桂平第一职校相关专业教师一起，邀请贵港市主要汽车企业全程参与，组成桂平一职校汽修专业建设委员会，共同制定了桂平第一职校 2016 级、2017 级汽修专业人才培养方案。其专业理论和操作课程与广西工业职业技术学院三年制汽修高职人才培养方案无缝衔接，分别在对接双方按不同的阶段实施（中职 2 年，高职 3 年），即"2+3"模式学制（见图 4-3-1）。

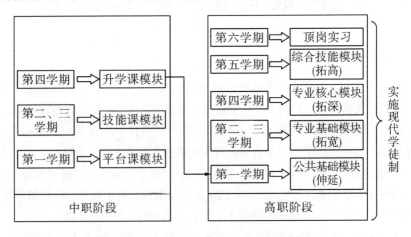

图 4-3-1　"2+3 模式"学制示意图

（1）中职阶段。

学生前 4 个学期在进行平台课模块、技能课模块、升学模块学习，通过知识及技能考核达到高职入学要求的同学在高职学院阶段实施现代学徒制模式。

（2）高职阶段。

在高职阶段，人才培养过程划分为四个教学阶段，广西工业职业技术学院以适应汽车企业的职业岗位需求为导向，着力促进知识传授与生产实践的紧密衔接，教学在学校和企业中穿插进行，促进知识学习、技能实训、工作实践的融合，从而推动教、学、做的统一，形成 0.5（通识学习+企业认岗）+0.5（基本技能+企业识岗）+1.0（专业技能+企业跟岗）+1.0（就业创业+企业顶岗）的教学组织方式，把理论学习与岗位实践有机融合起来，实现人才需求培养的无缝对接。

试点班的教学组织实施分为四个阶段：

第一阶段：第一学期（0.5）（通识学习+企业认岗）。

在这一阶段，学生在学校以学习文化基础课、专业基础知识课和基本技能操作为主，在企业以体验认识岗位为主。学校组织学生参观企业，了解汽车生产、4S 维修企业业务，感受企业的文化内涵，让学生真实感受企业工作氛围，帮助其进行学生与学徒双重身份的融合；请企业的专家到校宣讲企业文化、员工职业素养、岗位工作标准，使学生提前了解企业的相关内容。

第二阶段：第二学期（0.5）（基本技能+企业识岗）。

这一阶段的学习以学校项目学习和轮岗实训形式开展，采取一个月在学校、一个月在企业的轮换模式。在学校期间实施理实一体化教学，强化学生的专业理论知识和技能操作技能；在企业期间，进行企业课程学习实践，识别岗位技能，在强化技能训练的同时融入企业标准、规范、职业素养。

第三阶段：第三、四学期（1.0）（专业技能+企业跟岗）。

这一阶段的学习以工程项目和轮岗实训形式开展，采取学生一个月在学校、一个月在企业轮换模式。学生在校期间，学校进行项目教学，强化学生专业技能，提升应用知识解决问题能力，在企业期间，企业进行项目课程学习，提高学生综合能力和职业能力。

第四阶段：第五、六学期（1.0）（企业顶岗+就业创业）。

这一阶段的学习是学生在企业进行顶岗实习，学生通过一年的企业课程学习，真正能够接触到企业的先进设备，领悟企业文化，形成质量意识、产量意识、团队合作精神等。毕业设计和顶岗实习有机结合，企业师傅全程指导实习，对学徒进行综合评价，学生取得毕业证书和职业资格证书，成为企业员工。

在高职阶段人才培养实施的过程中，根据现代学徒制要求，合作企业派一线技术人员或管理人员来校担任兼职教师，向学生讲授企业文化或组织带领学生参观合作企业，感受企业文化。校内专业课实施理实一体化教学，学校选派具有企业工作经验的老师、经企业培训合格的老师或企业技术人员完成教学任务。校外实习阶段实施轮岗实训，根据企业实际，学生与企业师傅一对一结对，完成汽车维修业务中的业务接待、汽车保养、汽车大修等岗位轮动实习。企业师傅全程指导并负责实习过程管理和成绩考核，实现校企共同育人。

中高职衔接示意图如图4-3-2所示。

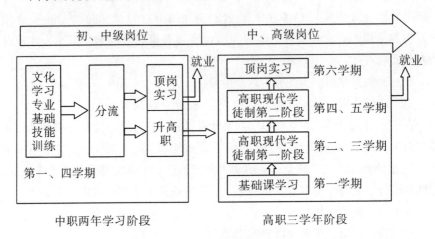

图4-3-2 中高职衔接示意图

2. 构建基于中高职衔接的"双主体、三融合、四进阶"现代学徒制人才培养模式

中高职衔接"双主体、三融合、四进阶"的现代学徒制模式是以汽车检测与维修技术专业为试点，为确立学校和企业的双主体地位，结合高职、中职的实际条件及企业提供的学徒岗位，运用现代学徒制模式将"高职、中职、企业"三方进行深度融合，共建中高职人才培养管理制度及其长效运行机制。衔接过程将学生的培养过程按其身份的转变和职业素养的形成分为"中职学生→学徒→高职学生→准员工"递进的四个阶段，构建中高职人才培养模式，最终达到学生与企业岗位要求之间的"无缝对接"，探索出中高职衔接的"双主体、三融合、四进阶"现代学徒制人才培养模式。

图4-3-3为中高职衔接的现代学徒制人才培养模式示意图。

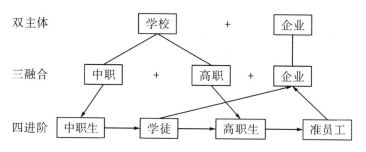

双主体　　　　　学校　　　+　　　企业

三融合　　中职　　+　　高职　　+　　企业

四进阶　　中职生　→　学徒　→　高职生　→　准员工

图 4-3-3　中高职衔接的现代学徒制人才培养模式示意图

3. 按照职业成长规律，中职、高职、企业三方设计了具有现代学徒制特征的中高职课程体系

按照本专业从业人员"从操作工到技师、从技术员到诊断专家"的职业成长规律，中高职院校组建专业开发团队，根据对应岗位的工作任务，进行分析、归纳、解构，确定本专业的典型工作任务为：交接车、预检、更换、保养、维修、检测、诊断。按照中高职培养目标，结合中高职学生的基础，重构专业教学内容：中职侧重总成拆装与更换、基本检查与调整、常规维护与简单维修，其核心课程为"汽车维护""发动机构造与拆装""发动机检查与维修"等 8 门；高职侧重总成维修与检验、系统检查与维修、故障检测与诊断，其核心课程为"服务信息与整车维护""发动机机械系统检修""汽车综合故障诊断"等 8 门，这种设计构建了符合企业岗位需求、符合学生职业成长规律、符合院校办学实际的汽车运用与维修专业中高职衔接课程体系。

同时，广西工业职业技术学院汽修专业自 2015 级起即实施模块化课程改革，这是在中职普遍实施的理实一体化基础上更进一步，按照"操作先行，理论跟进"设置课程模块，这对提高学生专业操作能力很有帮助；在双方共同制定的 2016 级中职汽修专业教学计划中，把学生技能比赛项目的内容以及汽修中级工考证等内容融入专业课程中；双方共同完成了专业课程大纲制定工作。

4. 本着合作共赢原则，建立了中、高、企三方资源共享机制

通过对接体系的建立，广西工业职业技术学院与桂平一职校在课程建设与实施、师资互融互派、实训场地共用、校企合作互通、就业信息互享方面实现资源有效共享，发挥了最大的合作优势，提高了中高职人才培养质量，主要体现在以下三个方面：

（1）师资队伍共享。

广西工业职业技术学院汽车工程系蒙富华、覃有实、甘礼宜、梁华强四位

老师轮流前往桂平一职校，承担 2015 级汽修专业汽车发动机课程和 2016 级汽车底盘两门作业课程的讲授任务，给桂平一职校的师生带去了新的教学理念，老师们的课程受到了学生的热烈欢迎。2016 年 10 月，桂平一职校老师参与了广西工业职业技术学院承接的对柳州烟草局高级驾驶员的培训项目。

2017 年 3—4 月，广西工业职业技术学院汽修专业老师到桂平一职校对参加广西汽修技能比赛的学生进行赛前强化指导，使该校分别取得了一等奖和三等奖的历史最好成绩。2017 年 7 月份，贵港市汽修专业教师技能比赛举行，贵港市共 5 所学校参与。桂平一职校汽修专业负责人黄达远和广西工业职业技术学院专业负责人李盛福老师共同指导广西工业职业技术学院学生参加 2017 年贵港市中职学校学生技能竞赛（个人赛）。2017 年 9 月，共有 22 名学生填报汽车检测与维修专业。

（2）学生共享。

2016 年 4 月份，桂平一职校派出两组 4 名学生参加由广西工业职业技术学院汽车工程系举办的 2016 年贵港市离合器更换学生技能比赛；桂平一职校汽修专业负责人黄达远和广西工业职业技术学院汽修专业教师蒙富华共同指导广西工业职业技术学院学生参加 2016 年贵港市中职学校学生技能竞赛。2016 年 10 月，汽车工程系学生汽修协会桂平一职校分会正式成立；2016 年 12 月初，广西工业职业技术学院汽车工程系成功承办了广西工业职业教育集团所属职业院校汽修、汽营学生高职组和中职组的技能比赛。图 4-3-4 为广西工业职业技术学院老师到桂平一职校做技能比赛评委。

图 4-3-4　广西工业职业技术学院老师到桂平一职校做技能比赛评委

（3）学生考证培训共享。

2016年3月初，广西工业职业技术学院承接了桂平一职校2015级汽修专业91名学生汽修中级工考前强化培训及组织的鉴定工作（图4-3-5），参培学生全部获得汽修中级工证。2017年广西工业职业技术学院承接了桂平一职校2016级275人的考证培训工作，其中包括汽修专业的99名学生的汽修中级工考前强化培训及组织鉴定工作。最后，参培学生全部获得汽修中级工证。

图4-3-5 技能培训鉴定会

5. 汽车检测与维修技术专业校企对接实施现代学徒制试点的探索与实践

根据《教育部关于开展现代学徒制试点工作的意见》《国务院关于加快发展现代职业教育的决定》《现代职业教育体系建设规划（2014—2020年）》等文件的要求，切实做好现代学徒制试点工作，推动高等职业教育内涵发展，提高高等职业教育人才培养质量和水平，是我国高等职业教育甚至是国际职业教育发展的基本趋势。高等职业教育为社会发展和经济进步提供了大量应用型人才，需要在理念、制度和机制等方面跟上时代的步伐。在经济发展新常态下，现代学徒制脱颖而出，它是传统学徒培训与现代学校教育相结合，是学校和企业深度合作，是产教融合的基本制度和有效实现形式。

2017年，广西工业职业技术学院汽车工程系就现代学徒制试点项目申报工作进行了充分论证，完成了申报工作，被广西壮族自治区列为2017年教育部备案的第二批现代学徒制国家试点的学校，并获得批准。

（1）现代学徒制内涵。

现代学徒制度是区别于传统学徒制的一种创新的人才培养模式。"学徒制"是一种在实际生产过程中以师傅的言传身教为主要方式的学习形式，通俗地说，就是"手把手"教，"做中学，学中做"。这种传统学徒制教学在工业革命浪潮中被职业学校教学所取代，现代学徒制的"现代"与"传统"相比，现代学徒制获得了政府的支持和法律保障，具有产教融合的特性，是高等职业教育的人才培养模式之一，也是最有效、最直接、易于实施的人才培养方式。国外对现代学徒制的研究和实践起步比较早，现在已经取得了一定的成果。例如，著名的德国"双元制"，可谓是现代学徒制的鼻祖。我国的现代学徒制起步较晚，但在一些地区，学者们对现代学徒制的探索也呈现出多样的形式。有面向学生的、面向企业员工的；有基于校企合作的，也有基于"厂中校"或"校中厂"的，等等。

现代学徒制是传统学徒培训与现代职业教育相结合，学校与企业联合招生招工，教师与师傅联合传授知识技能，工学交替。"现代学徒制"重点体现在"现代"，这是相对于"传统"提出的，随着现代工业化的发展，企业的规模化生产取代了传统的手工业作坊，传统的学徒制已经不能适应现代社会的发展。但是，在学校职业教育模式培养技术人才占主导地位的今天，也存在着理论与实践脱节的弊端，为解决这一问题，"现代学徒制"应运而生。从本质上讲，现代学徒制和传统学徒制是一致的，即都有师傅、徒弟以及师傅对徒弟的教育和指导，都体现了"教学做合一"的思想，但二者还是存在很大的区别的。

现代学徒制是校企合作为基础，以对学生（学徒）的培养为核心，以课程为纽带，以学校、企业的深度参与和教师、师傅的深入指导为支撑的人才培养模式。它既不同于传统的学徒制，也不同于单纯的学校教育。它的实施改变了以往理论与实践相脱节，知识与能力相割裂、教学场所与实际情境相分离的局面，它是传统职业学校人才培养模式的一场重大革新。

（2）现代学徒制是深化产教融合校企合作的有效途径。

现代学徒制培养模式充分展示了在专业层面坚持工学结合、在学校层面深化校企合作、在产业层面推进产教融合的职业教育的本质要求。开展现代学徒制培养符合学校和企业的根本利益，彰显职业教育的根本特征。特别是在当前国家层面下的校企合作体制机制尚未健全的情况下，实施现代学徒制培养更是成了推进校企合作制度化的一种形式，成为解决制约职业教育发展诸多问题，如实习实训条件不足、教师实践教学能力不强、教学内容与企业实际需求脱节等的关键。重视和推动现代学徒制，有利于学习借鉴国际先进经验，少走弯路，试点工作具有很强的探索性；强调体制机制突破，突出与企业发展需求的契合，对技术技能人才培养至关重要。

（3）现代学徒制是职业技能和职业精神培养的有效载体。

现代学徒制强调从职业的角度培养技术技能人才，其坚持教育与企业生产相结合，遵循学生成长规律和职业能力形成规律，强化知行合一，培养学生职业道德、职业技能，将人文素养和职业素质教育融入人才培养的过程，充分发挥校园文化、企业文化对职业精神养成的独特作用，推进优秀产业文化进教育、企业文化进校园、职业文化进课堂，将生态环保、绿色节能、循环经济等先进理念融入教育过程。这样将更加有利于促进职业技能和职业精神的有机融合，有利于培育精益求精、追求卓越、久久为功、探索创新的工匠精神，是为打造更多的"大国工匠"夯实基础。

（4）现代学徒制在学院汽车检测与维修专业中的实施。

依托广西工业职教集团和贵港市职教集团的平台，汽车工程系和集团内的广西久久星新能源车辆科技有限公司、广西华奥汽车制造有限公司、广西贵港腾骏汽车公司等企业开展校企对接，在广西工业职业技术学院的汽车检测与维修技术专业开展现代学徒制试点工作，共建"华奥汽车现代学徒班"。汽车检测与维修技术专业通过双对接，推进招生招工一体化，在人才培养方案开发、课程体系构建、课程标准制定、教学模式改革、校企互聘共用的师资队伍、学生技能竞赛方面等方面开展了系列工作。

签订合作办学、共育现代学徒协议，成立了汽修现代学徒班。该班人才培养方案由校企双方根据真实的岗位技能需求共同制定，学校汽车维修专业构建了以"校内技能递进培养、校外顶岗轮动提升"为内涵的现代学徒制人才培养模式，并按"操作先行，理论跟进"模式实行模块化教学改革，进行现代学徒制人才培养模式的探索与实践。

6. 校企优化课程体系，开发教学资源

现代学徒制的核心内容是创新工学结合的人才培养模式，而人才培养模式改革的重要工作是构建适合现代学徒制的课程体系。本着"以需求为导向，以能力为本位，以实践为主体，以项目为载体"的设计思路，学校对传统课程进行重组和调整，校企双方以企业人才需求为目标，以岗位核心能力为重点，以技能训练为主线，搭建了符合人才成长规律及企业员工能力素质要求的学校培养模块及企业培养模块的"校企交融、双线交融、操作先行，理论跟进"课程体系，学校教师和企业专家共同研讨开发核心课程。在新车型上市和新技术推出时，校企双方再根据行业技术发展要求及时修订补充教学内容，做到课程体系的持续不断优化。

联合开发特色教学资源。教学团队把企业现场管理知识、安全操作知识、现场实用方法融为一体，将企业标准、能力素养、企业文化、企业精神融入课程建设之中，依据企业岗位典型工作任务和工作流程，开发课程标准及教学内容，设计教学情境及训练项目，创建案例资源库及课程资源网站，为人才培养创造良好条件。

7. 构建了企校师资"双配制"的"双导师"队伍

校企共建师资队伍是现代学徒制人才培养模式的重要组成部分。学校专门在专业教师队伍中选拔了一批具备良好职业道德、综合素质高、教学能力和专业操作技能强的教师作为现代学徒制班级任课教师，同时聘请行业专家和合作企业的专业技术人员担任学院兼职教师或学生在企业实习时的指导师傅。教学任务由学校教师和企业技术人员或师傅共同承担，这种模式实施了师资队伍"互兼互聘、双向交流"机制，实行校企岗位"双配制"，建立了"双导师"管理体系，增长了专任教师的实践经历，提高了专业技术水平和服务能力，提高了兼职教师的教学能力，专兼结合教学团队建设取得明显成效，保证了学生的职业能力不断提高。图4-3-6为校企双导师指导模式下，学生在校内上课的场景。

图4-3-6　校企双导师指导模式下，学生在校内上课的场景

8. 校企双方共同制定考核标准

建立和完善以能力为核心、企校共同参与的学生多元评价模式，围绕企业用人标准，针对不同课程建立相应评价标准，形成评价方式与评价主体多元化的课程考核体系。由校方老师和企方能工巧匠共同担任指导老师，将基本操作技能、专项操作技能、综合操作技能的教学合理地放在"校中厂"或"厂中校"中，并模拟真实的岗位环境（见图4-3-7）。给每名能工巧匠安排数名学生徒弟，建立"师徒"关系。对学生进行技能培养时，可以采取半天实践、半天理论（含必要的专业知识、企业文化、职业素养等）的方式。比如在汽车维修实习过程中，确定维护、拆装、诊断等三个层面的实践技能考核内容，将每个类别的实践技能都设置在某个具体的维修情境中展开，按照工艺流程，采用"自评、互评、师评"三位一体的方式全面检验学习效果。

图4-3-7　校企双导师模式下，学生在企业内实习的场景

三、取得的经验

（一）提高了一流专业建设水平

通过中高职衔接与现代学徒制试点实践探索，汽车检测与维修技术专业建设水平得到显著提升，并带动了专业群建设。汽车检测与维修技术专业2016年获广西壮族自治区教育厅的示范特色专业及实训基地项目，建设经费为1 000万元，并且，汽车检测与维修技术专业也是学院重点建设的一流专业，另外，学校增设了新能源汽车运用与维修、汽车智能技术等专业，在校学生规模稳定增加。

（二）提高了专业人才培养质量

近几年学生参加全国汽车职业院校大赛获得高职组二等奖两项、三等奖五项。学生参加广西汽车职业院校大赛获得二等奖四项、三等奖五项。

专业学生近三年的一次性就业率分别为97.2%、98.5%、99.1%，对口就业率分别为78.3%、80.5%、84.6%，学生就业稳定率一直保持在95%以上。

（三）汽车检测与维修技术专业高对接模式得到贵港市领导肯定，得到了地方政府领导的充分肯定

汽车检测与维修技术专业与广西桂平一职校开展中高对接的活动是广西工业职业技术学院开展得比较早的专业，学院的汽车工程系与桂平一职校对汽车检测与维修技术专业人才培养方案对接、师资对接帮扶、学生融合、技能比赛指导帮扶等方面合作取得的成绩，在当地影响较大，得到了当地政府和领导的充分肯定，贵港市领导多次到访广西工业职业技术学院指导和检查工作，在不同场合多次建议其成立覆盖贵港市所有中高职院校及大中型企业的职教集团，以期为当地做出更大的贡献。在此推动下，2016年9月9日，贵港职业教育集团成立大会暨理事会第一次大会在广西工业职业技术学院二校区隆重召开；广西工业职业技术学院与广西轻工高级技工学校、广西石化高级技工学校及桂平第一中等职业技术学校等17所中职学校签订了中高职合作办学协议。

附　录

附录1　广西职业技术学院与昭平职教中心五年制茶叶生产加工技术专业人才培养方案

（一）专业与专门化方向

1. 专业：茶叶生产加工技术

2. 专门化方向：茶叶加工与贸易

（二）入学要求与基本学制

1. 招生对象：初中毕业生

2. 基本学制：五年

3. 办学层次：大学专科

（三）培养目标

1. 专业定位

本专业主要立足于贺州市，面向广西壮族自治区及我国西南各省市，服务于贺州市茶产业以及茶文化、茶艺等行业企业，培养德、智、体、美全面发展，能满足茶树种植、茶叶加工与质量检验、茶叶市场营销与业务管理及茶文化推广与茶艺培训、茶园生产管理等一线岗位需要，具有良好的职业道德和敬业精神，具备茶树种植、茶叶加工及品质检验、茶艺及茶文化、茶叶商贸的知识和技能，能从事茶树种植、茶叶加工与品质检验技术服务与推广、茶叶市场营销与业务管理及茶文化推广与茶艺培训等一线岗位需要的高素质技术技能型专门人才。

2. 培养目标

五年制茶叶生产加工技术专业是"2+3"五年分段式中高职衔接的专业，分中职和高职两个阶段。

五年制茶叶生产加工技术专业（前两年）中职阶段的培养目标是：培养具有茶树种植、茶叶加工与质量检验、茶叶企业经营与茶叶营销、茶艺表演、茶园生产管理等技能型人才。

五年制茶叶生产加工技术专业（后三年）高职阶段的培养目标是：具备茶树种植、茶叶加工及品质检验、茶艺及茶文化、茶叶商贸的理论和知识，熟练掌握茶树种植、茶叶加工与质量检验、茶叶企业经营与茶叶营销、茶艺表演、茶园生产管理等技能，能从事茶树种植、茶叶加工与品质检验技术服务与推广、茶叶市场营销与业务管理及茶文化推广与茶艺培训等一线岗位需要的高素质技术技能型专门人才。

（四）职业（岗位）面向、职业资格及继续学习专业

1. 职业（岗位）面向

专业按照"立足贺州市，面向广西壮族自治区及我国西南各省市"的要求，结合贺州茶产业、茶文化产业的实际情况，对业内一流骨干企业岗位进行筛选和归纳，确定毕业生主要的就业岗位为：茶叶加工与质量检验岗位、茶叶营销与业务管理岗位、茶文化传播与茶艺培训岗位、茶园生产管理岗位等，见附表1-1。

附表1-1　五年制茶叶生产加工技术专业职业岗位（群）与能力分析表

	就业方向	初次就业岗位	发展与提高岗位	岗位能力要求
茶叶生产加工技术（茶叶加工与贸易方向）专业	茶叶加工与质量检验	制茶师（茶叶加工工）与评茶员	加工技术与质检主管	茶叶加工技术及品质检验能力
	茶叶营销与业务管理	营销员与管理助理	营销主管、企业高管	茶叶市场营销与企业管理能力
	茶文化传播与茶艺培训	茶艺员（师）	茶艺领班、主管、茶艺培训师	茶文化传播能力
	茶园生产管理	茶园园艺师（茶园工）	生产技术主管	茶园生产技术能力

本专业面向岗位工作主要是：茶叶公司、茶庄、茶店等单位的茶叶营销与业务管理、品质检验工作；茶叶加工厂的茶叶加工、茶叶感官审评技术工作。

同时，本专业毕业生还可以从事茶艺馆、茶楼、涉外星级宾馆、茶文化传播公司等单位的茶文化传播与茶艺培训、茶会策划、茶叶会展、外事接待及公关等工作；还可以在企事业单位办公室从事与茶艺有关的管理服务工作，在职业中学、技校及茶叶研究所等茶艺培训、教学及茶叶科研工作以及在茶场茶园管理技术指导工作。另外，也可以自主创业，如开设茶叶网店等。

2. 职业资格

附表1-2为五年制茶叶生产加工技术专业职业资格（职业技能）证书要求（参考）。

附表1-2　五年制茶叶生产加工技术专业职业资格
（职业技能）证书要求（参考）

序号	职业资格（职业技能）证书名称	颁证单位	等级	备注
1	评茶员	农业部职业技能鉴定指导中心	前两年考中级（四级），后三年考高级（三级）	前两年考2、4项，后三年1、2、3项必考其一，可多考
2	制茶师（茶叶加工工）	农业部职业技能鉴定指导中心		
3	茶艺师	农业部职业技能鉴定指导中心		
4	茶园园艺师（茶园工）	农业部职业技能鉴定指导中心		

3. 继续学习专业

五年制茶叶生产加工技术专业的优秀毕业生可通过专升本、本科函授和成人教育等考试进入相关专业继续学习和深造。专业的学生主要面向茶叶商品化生产、新品种选育、茶艺和茶产品经营销售等领域。

（五）综合素质及职业能力

1. 综合素质

（1）思想道德素质。

①有正确的政治方向，能在复杂的社会环境中保持清醒的头脑，能够从党和国家的利益出发看问题、办事情。

②有坚定的政治信念，有理想，能用马克思主义的世界观和方法论去观察问题、分析问题和解决问题。能用无产阶级的世界观、人生观和价值观去认识、改造客观世界，把自己的事业与祖国的前途、人类的文明、社会的进步融为一体。

③遵守国家法律和校规校纪，自觉维护国家和集体利益，敢于与不良现象做斗争。

④保护环境，讲究卫生，文明礼貌，自觉遵守与维护社会公德。

⑤为人正直，诚实守信，言行一致，豁达大度。

（2）科学文化素质。

①有科学的认知理念、认知方法和实事求是、勇于实践的工作作风。

②自强、自立、自爱，戒骄戒躁，乐观进取，始终保持良好心态。

③有正确的审美观，言谈举止及衣着修饰等符合自己的性别、年龄、职业、身份。

④爱好广泛，兴趣高雅，有较高的文化修养。

（3）专业素质。

①热爱茶叶事业，吃苦耐劳、热爱劳动，踏实肯干、爱岗敬业，有高度的责任感。

②熟悉茶叶安全生产规范、操作规程及环保基本要求。

③具有较强的信息采集与处理的能力。

④具有较强的自主学习、自我提高的能力。

⑤具有良好的社会适应能力和沟通交流的能力。

（4）身心素质。

①切合实际的生活目标和个人发展目标，能正确地看待现实，主动适应现实环境。

②有正常的人际关系，善于接纳别人，包括与自己意见不同的人，有良好的团队精神；能处理好男女之间的友情、爱情关系，男女交往行为得体。

③积极参加体育锻炼和学校组织的各种文化体育活动，养成终身锻炼身体的良好习惯，达到大学生体质健康合格标准，具有胜任本专业工作的身体素质。

2. 职业能力

（1）基本能力。

附表1-3为五年制茶叶生产加工技术专业基本能力分析表。

附表1-3　五年制茶叶生产加工技术专业基本能力分析表

项目	项目技能	项目知识	相关课程	工种及证书
运用方法能力	1. 信息技术应用技能； 2. 语言表达技能； 3. 自主学习技能； 4. 运用知识技能	1. 计算机应用基本知识； 2. 办公自动化知识； 3. 语言运用知识； 4. 外语（英语）应用基本知识； 5. 其他基础知识，如语文、数学、化学等	1. 计算机基础； 2. 办公数据管理； 3. 普通话口语交际； 4. 应用写作； 5. 英语； 6. 其他学习领域的课程	1. 大学计算机一级； 2. 英语应用能力B级

项目	项目技能	项目知识	相关课程	工种及证书
适应社会能力	1. 职业道德、身体健康； 2. 与人沟通协作能力； 3. 适应艰苦环境能力； 4. 安全、环保意识	1. 职业道德知识； 2. 法律知识； 3. 中国特色社会主义知识； 4. 体育健康知识； 5. 形势政策知识； 6. 安全知识	1. 思想道德修养与法律基础； 2. 中国特色社会主义理论； 3. 体育； 4. 形势政策与就业指导； 5. 安全教育； 6. 其他学习领域课程	—

（2）核心能力。

附表1-4为五年制茶叶生产加工技术专业核心能力分析表。

附表1-4　五年制茶叶生产加工技术专业核心能力分析表

项目	项目技能	项目知识	项目课程	工种及证书
茶叶加工	1. 六大茶类茶叶加工的基本技能； 2. 茶叶精制技能； 3. 六堡茶、茉莉花茶等广西特色茶类（再加工茶类）加工技能	1. 茶树鲜叶质量与摊放知识； 2. 六大基本茶类与再加工茶类加工基本知识； 3. 茶叶精制基本知识； 4. 在制品茶质量控制基本知识	1. 茶叶机械与设备； 2. 茶叶加工技术； 3. 茶叶加工技能	制茶师（茶叶加工工）
茶叶品质检验	1. 茶叶感官审评及理化检验的基本技能； 2. 熟悉六大基本茶类基本品质特点； 3. 掌握六堡茶、茉莉花茶等广西特色茶类的品质特点及质量评价技能； 4. 了解茶叶生产加工及产品的国家、行业、地方标准	1. 六大基本茶类品质的化学基础知识、品质特征要求； 2. 茶叶感官审评基本知识； 3. 茶叶理化检验基本知识； 4. 茶叶标准知识	1. 茶叶化学； 2. 茶叶审评技术； 3. 茶叶标准概论； 4. 茶叶审评技能	评茶员

项目	项目技能	项目知识	项目课程	工种及证书
茶叶营销、业务管理	1. 茶叶企业管理技能； 2. 茶叶市场调查与预测； 3. 茶叶产品营销技能	1. 茶叶企业管理知识； 2. 茶叶市场与贸易知识	1. 茶叶企业管理与市场营销； 2. 茶叶营销技能	—
茶文化传播、茶艺培训	1. 茶艺技能； 2. 茶文化传播的基本技能； 3. 较好的文字和语言表达能力	1. 茶艺表演与艺术设计及鉴赏知识； 2. 茶艺服务礼仪知识； 3. 茶叶保健知识	1. 中国茶艺； 2. 公关与服务礼仪； 3. 茶叶营养与卫生； 4. 茶艺技能	茶艺师
茶园生产管理	茶园规划设计及开发、优质高产高效茶园生产管理技能	1. 茶树良种繁育知识； 2. 茶园管理与病虫害防治知识； 3. 茶叶采摘知识； 4. 老茶园更新知识	1. 茶树栽培技术； 2. 茶园管理技能； 3. 茉莉花园管理技能	茶园园艺师（茶园工）

（3）其他能力。

附表1-5为五年制茶叶生产加工技术专业其他能力（拓展能力）分析表。

附表1-5 五年制茶叶生产加工技术专业其他能力（拓展能力）分析表

项目	项目技能	项目知识	相关课程	工种及证书
专业发展	1. 茶叶综合利用能力； 2. 茶叶质量监控能力； 3. 茶叶企业创建技能； 4. 茶叶网络营销技能； 5. 茶叶企业与产品展示技能	1. 茶叶综合利用基本知识； 2. 茶叶贮藏保鲜与包装知识； 3. 茶叶产品质量管理及相关法规知识； 4. 茶叶企业综合管理技能； 5. 茶叶网络营销知识； 6. 茶叶会展策划知识	1. 茶叶深加工与综合利用； 2. 茶叶贮藏保鲜与包装； 3. 茶艺英语； 4. 农务管理与质量追溯； 5. 会计电算化； 6. 茶叶电子商务； 7. 商务谈判； 8. 茶叶会展策划实务； 9. 形象设计与形体训练； 10. 茶馆连锁经营	—

（六）教学时间分配表（按周分配）

附表1-6为五年制茶叶生产加工技术教学时间分配表（按周分配）。

附表1-6　五年制茶叶生产加工技术教学时间分配表（按周分配）

学期	学期周数	理论教学		实践教学						入学教育与军训	劳动/机动周
		授课周数	考试周数	技能训练		课程设计大型作业毕业答辩		企业见习顶岗实习		周数	
				内容	周数	内容	周数	内容	周数		
一	20	14	2	茶叶加工、茶艺、口语交际	2					1	1
二	20	10	2	茶园管理、茶叶加工、茶艺、口语交际、技能比赛、行业活动	5			茶园管理、茶叶加工、茶叶包装茶艺、茶叶销售	2		1
三	20	12	2	花艺设计、茶叶加工、茶叶审评、茶艺、茶叶销售	5						1
四	20	9	1	茶叶加工、茶叶审评、茶艺、茶叶销售、职业资格考试、技能比赛、行业活动	7			茶叶加工、茶叶包装、茶艺、茶叶销售	2		1
五	20	12	2	茶园管理、茶叶加工、茶艺	3					1	2
六	20	15	2	茶园管理、茶叶加工、茶艺、技能比赛	2						1
七	20	13	2	茶叶加工、茶叶审评、茶艺、茶叶销售、技能比赛	4						1

学期	学期周数	理论教学		实践教学						入学教育与军训	劳动/机动周
		授课周数	考试周数	技能训练		课程设计大型作业毕业答辩		企业见习顶岗实习			
				内容	周数	内容	周数	内容	周数	周数	周数
八	20	11	2	茶叶加工、茶叶审评、茶艺、茶叶销售、职业资格考试、行业活动	6						1
九	20	9	1	茶叶审评、茶叶销售、职业资格考试	5	毕业论文设计与答辩	1	茶叶加工及审评、茶艺、茶叶销售与业务管理	4		
十	20					毕业论文设计与答辩	4	茶叶加工及审评、茶艺、茶叶销售与业务管理	16		
合计	200	103	16		41		5		24	2	9

（七）教学时间安排表

（略）

（八）专业主要课程及内容要求

附表1-7为五年制茶叶生产加工技术专业的主要课程及内容要求。

附表 1-7　五年制茶叶生产加工技术专业的主要课程及内容要求

序号	课程	主要教学内容及要求	教学实施建议
1	茶叶加工技术	通过本课程学习（理论学习和技能训练），学生能够识别茶叶的种类及特点，掌握茶叶加工的基本理论、基本知识、基本技能，掌握各主要茶类加工方法。具体内容包括茶叶加工的物质基础——茶树鲜叶的理化特性及其内含物在加工过程的变化规律；六大基本茶类（绿茶类、黄茶类、黑茶类、白茶类、青茶类、红茶类）的初加工理论和加工方法、茶叶精加工理论和方法、茶叶再加工（花茶窨制）理论和方法等	茶叶加工技术专业的理论知识部分以课堂讲授为主，采用多媒体授课方式。课堂讲授除了要讲授六大基本茶类的初加工基本理论和基本方法及茶叶精加工理论和方法、茶叶再加工（花茶窨制）理论和方法之外，各种茶的加工技术还将向学生展示相应图片及影像资料，使学生能够更好地掌握该茶类的加工技术。技能训练部分包括课程实验和茶叶加工实训，以老师讲解、演示和学生动手操作为主。 茶叶加工技术专业课程的理论考核采用笔试方式，闭卷。茶叶加工技术专业的实验实训考核采用操作考核及口试方式。将理论成绩和实验实训成绩综合后为本门课程的最终成绩，两部分各占 50%
2	茶叶审评技术	通过本课程学习掌握茶叶审评的程序和方法，学生能够独立完成茶叶的基础鉴别和六大基本类茶的审评工作。具体内容包括掌握茶叶审评的设备，评茶用水，评茶的程序和方法，六大基本茶类的品质特征，不同茶类的审评方法与技巧，再加工茶的审评，茶叶的基础鉴别等。要求对各种主要茶类、不同工艺处理、不同产地的茶叶进行较为准确的审评及判断，并根据鉴定结果提出解决问题的办法和措施	"茶叶审评技术"理论部分以课堂讲授为主，采用多媒体授课方式。实验实训部分采用示范、实操、检验形式。"茶叶审评技术"理论考试采用闭卷形式，参考平时表现。实验实训考核根据实操态度、动手能力、完成的水平进行考核

序号	课程	主要教学内容及要求	教学实施建议
3	中国茶艺	通过本课程学习，学生能掌握中国的饮茶历史及茶艺规则及操作，并应用这些中国茶艺的基本知识、茶艺操作能力，能在茶场、茶厂及茶叶生产、流通领域、小型茶艺表演、大型茶文化活动中担任重要组织策划等岗位的操作应用型人才，能胜任职业岗位工作。具体内容包括中国文化要略、中国茶文化、茶艺分类、中国茶道思想、茶道比较、各民族与茶文化等中国茶艺的基本内容	"中国茶艺"理论部分以课堂讲授为主，采用多媒体授课方式。实验实训部分采用示范、欣赏、实操、检验形式。 "中国茶艺"理论考试采用闭卷形式，参考平时表现。实验实训考核根据实操态度、动手能力、完成的水平进行考核
4	茶叶企业管理与市场营销	通过本课程学习，学生能掌握茶叶生产的特点和茶叶企业人、财、物管理特点，经过3~5年实践后能独立进行茶叶的国内外贸易工作。具体内容包括我国茶叶经营发展史，茶叶生产的特点，企业管理基础，茶叶企业人、财、物管理，茶叶企业现代管理制度，茶叶市场的调查与预测，茶叶销售及茶叶的国内外贸易等	"茶叶企业管理与市场营销"理论部分以课堂讲授为主，采用多媒体授课方式。实验实训部分采用模拟实验、参观、操作、案例实训等形式。 "茶叶企业管理与市场营销"理论考核采用笔试方式，闭卷或开卷由任课老师定。实验实训考核采用操作考核及口试等方式。理论成绩和实验实训成绩的综合作为本门课程的最终成绩，两部分各占50%
5	茶树栽培技术	通过本课程学习，学生能掌握茶树生长的基础知识与基本技能，能够独立完成茶树的栽培与管理工作，能够完成茶园及茶叶生产的管理工作。具体内容包括茶园生态、茶树繁殖、新茶园建立、茶园水分管理与耕作、茶园施肥、茶树修剪、茶叶采摘、茶树病虫害防治、茶树灾害性气象的防御及补救、老茶园的改造以及茶园生产可持续发展等	"茶树栽培技术"理论部分以课堂讲授为主，采用多媒体授课方式。实验实训部分任课教师讲解演示，学生动手操作。 "茶树栽培技术"理论考核采用闭卷方式。实验实训考核采用操作考核及口试等方式。理论成绩和实验实训成绩的综合作为本门课程的最终成绩，两部分各占50%

序号	课程	主要教学内容及要求	教学实施建议
6	茶叶化学	通过本课程学习,学生应了解茶叶中主要生化成分在茶叶中的含量动态,了解它们与茶叶品质的关系,并知道如何栽培高产优质的茶叶,为茶叶加工提供优质的原料;同时了解茶叶中主要生化成分的理化性质,并掌握这些成分在茶叶加工过程中的变化、消长规律,并且了解这些规律是如何影响茶叶品质的形成。 具体内容包括茶叶生化成分组成、茶叶中的酶、茶树体内的氨基酸代谢、茶树中嘌呤碱及其代谢、茶树中的多酚类物质及其代谢、茶叶中的芳香物质及其代谢、茶叶色素物质及其代谢、红茶加工的生物化学、绿茶加工的化学九个部分。其中以茶树体内的氨基酸代谢、茶树中的多酚类物质及其代谢、红茶加工的生物化学、绿茶加工的化学四个部分为重点部分	"茶叶化学"理论部分以课堂讲授为主,采用多媒体授课方式。实验实训部分采用示范、实操、检验形式。"茶叶化学"理论考试采用闭卷形式,并参考平时表现。实验实训考核根据实操态度、动手能力、完成的水平进行考核

(九)专业教师任职资格

1. 教学团队要求

师资队伍的知识、职称、年龄结构合理,形成良好的合作精神和梯队结构,师生比为 1:14~18。

教师应具有本科以上学历,高级、中级、初级职称的教师的比例大约 1:2:1,具有硕士学位的教师占专任教师的50%以上;专业课教师中具有行业企业经历的"双师"素质教师比例80%以上;来自行业、企业的兼职教师任课时数应占专业课总学时数的30%以上。

专业带头人应具备副教授以上技术职称,善于整合与利用社会资源,能及时跟踪产业发展趋势和行业动态,准确把握专业建设与教学改革方向,保持专业课程建设的领先水平。

茶叶生产加工技术专业目前有专任教师 14 人，其中高级职称 8 人（教授 2 人，推广研究员 1 人，副教授 4 人，高级农艺师 1 人），中级职称 4 人（讲师 2 人，农艺师 2 人），初级职称 2 人（助教 2 人）。具有研究生以上学历的有 8 人，具有"双师"素质的专业教师 12 人。另外，学校还聘请了 9 位区内行业知名专家和生产一线的技术骨干作为本专业的兼职教师。专业教学团队能够满足本专业教学需要。专业带头人均为副高以上技术职称，并兼任广西茶叶学会和广西农垦茶业集团有限公司的有关职务。

2. 专任专业教师应具备下列任职资格

（1）具有相关专业大学本科及以上学历；

（2）具有高校教师资格证书和相关专业的中级及以上职业资格证书或技术职称；

（3）热心教育事业，责任心强，善于沟通，为人师表，关爱学生。

3. 本专业兼职教师应具备以下任职资格

（1）热心教育事业，责任心强，善于沟通；

（2）企业的技术主管或技术骨干，从事专业技术工作五年以上；

（3）具有一定的教学能力，通过专业教学能力测试。

（十）实训实验条件

1. 实验实训室

实验实训室是茶叶生产加工技术（茶叶加工与贸易方向）专业教学必备的辅助条件，通过具体实验内容亲自动手操作，掌握一定的技术技能，为实践教学和专业课学习打下基础。按茶叶生产加工技术专业的教学要求，应配置以下实验实训室（见附表 1-8）：

附表 1-8　五年制茶叶生产加工技术专业实验实训室配置表

序号	实训室名称	主要功能	主要设备	
			名称	数量
1	化学实训室	培养学生基础仪器分析能力	玻璃仪器、分析天平、分光光度计、酸、碱滴定设备、酸度计	若干，能够满足 20 名学生同时上实验课

序号	实训室名称	主要功能	主要设备	
			名称	数量
2	植物及植物生理实训室	培养学生植物营养及生理测试能力	显微镜、解剖镜、呼吸强度测定仪、光合强度测定仪、分光光度计、电子天平、冰箱、烘箱、恒温箱、高速离心机、微量离心机、冷冻离心机、搅拌仪、切片机、显微照相设备、多媒体教学设备	若干,能够满足20名学生同时上实验课
3	茶叶生化实训室	茶叶常规分析相关技能训练	玻璃仪器,天平,分光光度计,离心机,恒温箱,组织捣碎机,恒温水浴锅,酸度计,冰箱,烘箱,多媒体教学设备	若干,能够满足20名学生同时上实验课
4	茶叶加工实训室	各茶类手工制作及加工工序与品质关系分析的相关技能训练	小型杀青机具、手工炒茶锅、小型揉捻机、小型名茶烘干机,茶叶真空包装机,名茶多功能机,恒温箱、干燥器、分析天平、茶叶感官审评用具,多媒体教学设备	若干,能够满足20名学生同时上实验课
5	茶叶审评与检验实训室	茶叶感官审与品质检验相关技能训练	干评台、湿评台、样茶柜架、茶叶筛分机、茶叶水分仪、干燥箱、分析天平、电子天平、干燥器、样茶盘、审评杯、碗、叶底盘、架盘天平、计时器、茶匙汤杯、吐茶筒、电水壶、热水瓶、消毒柜、空调、去湿机、多媒体教学设备	若干,能够满足20名学生同时上实验课
6	茶艺实训室	茶艺表演相关技能训练	音像设备、茶桌椅、饮水机、立体茶具柜、带框画、洗漱台、消毒柜、大冰柜、茶叶柜、各类茶艺表演器具、紫砂茶具、杯具、茶盘、电视机、空调、多媒体教学设备	若干,能够满足20名学生同时上实验课

2. 实习、实训基地

实习、实训基地是专业知识传授和专业技能培养训练的场所和评价考核中心，是教学、生产和科研一体化建设的载体。建设水平要与产业发展水平接轨，有茶叶采收、加工、贮藏相关设施设备，满足实践能力培养需要。基地运行要以生产性实训项目为载体，专业教学和生产任务都能在基地完成。

茶叶生产加工技术（茶叶加工与贸易方向）专业目前拥有中央财政支持的智能化农业技术实训基地、广西高校唯一的教学实习茶园（无公害生产茶园）和现代制茶实训中心、茶叶审评与检验中心、茶艺综合实训中心、茶文化展示中心等院（校）内教学实训基地（见附表1-9），拥有一批先进的仪器设备供学生进行技能训练，充分满足学生职业岗位技能实训需要。

此外，专业还充分利用社会资源、力量办学，在广西区内挂牌成立了11个校外实训基地，可满足学生实践的需要。

附表1-9　五年制茶叶生产加工技术专业校内外实习实训基地一览表

项目 分类	实训基地名称	功能
校内	无公害生产茶园	茶园日常管理；职业技能培训和鉴定
	现代制茶实训中心	茶叶清洁化加工、广西特色红茶制作、六堡茶加工。职业技能培训和鉴定
	茶叶审评与检验中心	茶叶质量的感官技能训练与理化检验；职业技能培训和鉴定
	茶艺综合实训中心	各种茶艺基本操作训练，专业培训和表演；职业技能培训和鉴定
	茶文化展示中心	茶文化传播展示；茶树种植、加工标准化生产展示；茶艺、茶文化演出欣赏
	智能化农业技术实训基地	现代农业技术、信息展示、茶叶质量追溯

项目 分类	实训基地名称	功能
校外	广西亿健茶业有限公司	有机茶生产、加工技术、茶叶经营、市场贸易、茶艺训练
	广西昭平县象棋山茶厂	有机茶生产、加工技术、茶叶经营、市场贸易、茶艺训练
	广西农垦茶业集团有限公司	无公害茶叶生产、加工技术、茶叶经营、市场贸易
	广西农垦茶叶研究所	生态茶园建设、无公害茶叶生产加工、茶树育种技术、乌龙茶加工技术、茶艺训练
	广西南宁绿野茶业有限公司	茶叶经营、市场贸易、茶艺训练
	广西南宁长裕川名茶总汇有限公司	茶叶经营、市场贸易、茶艺训练
	广西古鼎香茶业有限公司	茶叶经营、市场贸易、茶艺训练
	广西凌云浪伏茶业有限公司	茶园规划、栽培管理、茶叶加工、茶艺训练、茶园旅游、茶叶经营
	广西梧州茶厂	茶叶精制、六堡茶加工、综合利用
	广西灵山正久茶业有限公司	无公害茶叶生产、加工技术、茶叶经营、市场贸易
	广西金花茶业有限公司	茉莉花茶加工技术、六堡茶加工技术、茶叶经营、市场贸易、茶艺训练

（十一）编制说明

1. 方案制定依据

本方案依据学校《关于做好五年制中高职人才培养方案编制工作的通知》和《关于印发〈广西职业技术学院制（修）订人才培养方案的指导性意见〉的通知》文件要求以及教育部《中等职业学校茶叶生产与加工专业教学标准（试行）》编制，为试行方案。

本方案规定毕业最低学分要求为233分。教学总时数是4 650学时，其中包括：公共基础课时1 276学时，占27%；专业（技能）课时3 146学时，占68%；任意选修课60学时，占1%；其他教育类活动168学时，中4%。整个方案理论课与实践（实训）课的比例约为1∶1。

2. 公共基础课的开设说明

公共基础课的教学安排可根据实际情况适当延长教学周期，减少周学时数。语文、数学的部分内容也可根据专业教学需要，安排在第三学年或第四学年，也可以在选修课程中安排有关课程作为公共课程在高年级的延伸，如应用写作、应用数学等。

3. 选修课开设的说明

选修课是高职教学的重要组成部分，应结合学生兴趣、特长和用人单位的特殊需求，自主决定选修课的课目与教学要求，但要注意，人文类课程开设的均衡性，以体现五年一贯制教育的特色。选修课的成绩评定方法以学习过程的评价为主。

选修课由限选课和任选课组成，任选课一般安排在第六、七、八、九学期进行，修完 4 学分即可达到要求，其中 2 学分可以通过选修 1 门学院开设的任意选修课取得，另外 2 学分通过参加大学生素质拓展活动取得。可根据实际情况对课程学分进行微调，并制定学分奖励办法，对有经培训和社会化考核取得其他技能等级证书的学生，或参加各级各类技能竞赛获奖的学生进行奖励。学生取得相应的学分即可毕业。

4. 顶岗实习

企业顶岗实习是学生在校学习的重要组成部分，是培养学生综合职业能力的主要教学环节之一。企业顶岗实习计划由企业与学校根据生产岗位对从业人员素养的要求共同制订，教学活动由学校和企业共同组织实施，企业、学校共同参与教学管理和评价。

在企业顶岗实习（含毕业实习）阶段，要针对实习岗位和企业用人要求，选择安排学生继续进修的内容、方式，给予一定的学分；并视具体工作需要，为学生安排一定返校集中学习时间，学习新知识、新技术，或听取企业技术人员、管理人员的专题讲座。五年制茶叶生产加工技术专业在第二、四、九学期和第十学期，安排学生到校外实训基地或拟就业的企事业单位进行顶岗（毕业）实习。

学院（学校）应加强对顶岗实习（含毕业实习）的管理，应制订顶岗实习计划；成立实习领导小组，明确职责；明确实习安全纪律要求。还要加强实习考核，严把顶岗实习上交材料关。

顶岗实习方式可采取自助实训为主与学院统一安排实习相结方式，学院统一安排由相关系部教研室落实安排，每顶岗实习至少安排学生在 1~2 个单位（部门）的主要岗位进行实习。自助实训形式一般在毕业实习（设计）阶段，要与就业相结合。

建议在第九学期课开设毕业论文指导讲座，安排学生在顶岗实习（毕业实习）期间完成专业论文写作。

5. 证书培训考核的说明

本专业实行双（多）证书教育，将实践性教学安排与职业资格证书考核有机结合，鼓励学生在取得大专毕业证书的同时，取得与专业相关的职业资格证书，鼓励学生经培训并通过社会化考核取得与提升职业能力相关的其他技术等级证书。

本方案规定，专业毕业生必须取得高级制茶师（茶叶加工工）、高级评茶员、高级茶艺师三种职业资格（高级工）中的一种，可多考取涉茶职业资格证书。另外，本方案还将有关涉茶职业资格的中级工的考试内容放在低年级学习，在低年级（前两年，中职阶段）通过中级工考核，以便在高年级（后三年，高职阶段）报考高级工。

6. 课程结构的说明

通过企业调研和对毕业生信息的跟踪调查，我们发现学生在成长过程中，不仅要熟练掌握专业技能，还需要具备良好的职业道德和人文素质；为了保证学生的可持续发展，学生要具备必备的职业通用能力。在专业建设委员会的指导下，专业教学团队共同研究，集团确定五年制茶叶生产加工技术专业课程体系分为公共基础课、专业技能课和其他教育类活动四个部分，课程分为三类：中职终结性课程、中高职衔接课程和高职课程。其中专业技能课又分专业平台课、专业方向课、专业技能实训项目课、顶岗实习和毕业论文设计与答辩。专业平台课程和专业技能实训项目课程是对毕业生就业岗位（群）所需的知识、素质、能力进行分析，设计者根据职业岗位要求分解出的典型工作任务之后，整合典型工作任务确定行动领域，再对行动领域进行教学归纳，转化而来的专业技术课程（学习领域）。专业方向课是在对职业的专业基础理论、专业技术课程进行学习和进行职业核心能力、岗位基础能力培养的基础上，根据职业发展岗位的要求，拓宽知识领域，拓展职业岗位能力而设置的专业拓展学习领域课程，详见附表1-10。

附表1-10　五年制茶叶生产加工技术专业课程结构表

类别		课程名
公共基础课	德育课	职业生涯规划（1）、思想道德修养与法律基础（2）、经济政治与社会（1）、哲学与人生（1）、毛泽东思想和中国特色社会主义理论体系（3）、形势与政策（3）、创业与就业教育（2）、安全教育（2）、卫生健康教育（3）、心理健康教育（3）
	文化课	语文（1）、数学（1）、英语（2）、计算机基础（2）、应用写作（3）、体育与健康（2）、普通话口语交际（1）、化学（1）、音乐（1）、书法（1）、大学生素质拓展活动（3）

专业技能课	专业平台课程	种植基础知识（1）、公关与服务礼仪（2）、茶叶营养与卫生（2）、茶叶标准概论（2）、茶叶化学（3）、茶叶机械与设备（2）、茶树栽培技术（2）、茶叶加工技术（2）、茶叶审评技术（2）、中国茶艺（2）、茶叶企业管理与市场营销（2）
	专业方向课程	茶叶加工与质量检验方向：名优茶制作与品鉴（3）、特种茶加工与质量检验（3）、六堡茶加工与质量检验（3）、茶叶深加工与综合利用（3） 茶叶营销与业务管理方向：农务管理与质量追溯（3）、茶叶电子商务（3）、茶叶贮藏保鲜与包装（3）、会计电算化（3）、农业项目撰写与管理（3）、茶馆连锁经营（3）、商务谈判（3）、茶叶会展策划实务（3） 茶文化传播与茶艺培训方向：花艺设计（1）、形象设计与形体训练（3）、茶席设计（1）、茶艺英语（3）、外国茶道（3）、茶艺美学（茶具、书法、美术、舞蹈）欣赏（3） 茶园生产管理方向：观光茶园设计与管理（3）、茶树品种利用（3）、茶园标准化生产（3）
	专业技能实训项目课程	茶树品种识别与茶园管理技能（2）、茶叶加工技能（2）、茶叶审评技能（2）、茶艺技能（2）、茶叶营销技能（2）、职业资格培训及考试（2）
	顶岗实习	顶岗实习（含毕业教育）（2）
	毕业论文设计与答辩	毕业论文设计与答辩（3）
其他类教育活动	技能比赛	茶艺、手工制茶等（2）
	行业活动	昭平县茶王节、广西春茶节等（2）

备注：括号内阿拉伯数字"1"为中职终结性课程，"2"为中高职衔接课程，"3"为高职课程。

7. 其他说明

本方案还可以根据企业订单式培养要求，调整课程结构，制定职业目标更为明确的课程结构、修订教学计划，满足企业的专门要求。

附录2

附表2-1　五年制茶叶生产加工技术专业教学时间安排表

类别			序号	课程名称	学时	学分	一 18	二 18	三 18	四 18	五 18	六 18	七 18	八 18	九 18	十 18	考试	考查
公共基础课	德育课	必修课	1	职业生涯规划	36	2	4										考试	
			2	职业道德与法律基础	84	5		4			4						考试	
			3	经济政治与社会	36	2			4								考试	
			4	哲学与人生	36	2				4							考试	
			5	毛泽东思想与中国特色社会主义理论体系概论	64	4						4					考试	
			6	创业与就业教育	56	3				4	2		2	2	2			考查
			7	形势与政策	16	1							2	2				考查
			8	入学教育及军事训练	48	2	1周				2周							考查
		限选课	9	卫生健康教育	6	0.5					2							考查
			10	心理健康教育	32	2					2	2						考查
			11	安全教育	40	2.5	2	2	2	2	2	2	2	2				考查
	文化课	必修课	1	语文	72	4	4	4									考试	
			2	英语	192	11	4	4			4	4					考试	
			3	数学	72	4	4	4									考试	
			4	体育与健康	184	8	4	4	4	4	2	2						考查
			5	计算机应用基础	86	5	4					4						考查
			6	普通话口语交际	72	4	4	4										考查
			7	化学	36	2			4									考查
			8	应用写作	36	2					4							考查
		限选课	9	音乐	36	2	4											考查
			10	书法	36	2	4											考查
公共基础课小计					1 276	70												

类别		序号	课程名称	学时及学分		周课时及教学周安排										考核方法	
				学时	学分	一 18	二 18	三 18	四 18	五 18	六 18	七 18	八 18	九 18	十 18	考试	考查
专业技能课	专业平台课程	1	种植基础知识	90	5			4	4							考试	
		2	公关与服务礼仪	60	3		4			4						考试	
		3	茶叶营养与卫生	40	2			4		4						考试	
		4	茶叶标准概论	40	2				4	4						考试	
		5	茶叶化学	54	3						4-7					考试	
		6	茶叶机械与设备	72	4			2-4				4-7				考试	
		7	茶树栽培技术（无公害茶树种植技术）	36	2			4								考试	
		8	茶树栽培技术（有机茶园栽培管理）	54	3							4-7				考试	
		9	茶叶加工技术（茶叶制作工艺）	60	3		4	4								考试	
		10	茶叶加工技术（工艺原理与质量控制）	60	3								4-7			考试	
		11	茶叶审评技术（感官审评基础）	36	2				4							考试	
		12	茶叶审评技术（茶类特征鉴别与质量检验）	54	3									4-7		考试	
		13	中国茶艺（基本茶艺）	36	2			4								考试	
		14	中国茶艺（茶艺茶道精神与创新茶艺）	54	3							4-7				考试	
		15	茶叶企业管理与市场营销（管理与营销基础）	36	2				4							考试	
		16	茶叶企业管理与市场营销（业务管理与推销策略）	54	3								4-7			考试	
			专业平台课小计	836	45												

类别		序号	课程名称	学时及学分		周课时及教学周安排										考核方法	
				学时	学分	一 18	二 18	三 18	四 18	五 18	六 18	七 18	八 18	九 18	十 18	考试	考查
专业技能课	专业方向课程	茶叶加工与质量检验	1 名优茶制作与品鉴	40	2					45-							考查
			2 特种茶加工与质量检验	40	2						4-5					考试	
			3 六堡茶加工与质量检验	40	2							4-5					考查
			4 茶叶深加工与综合利用	54	3									4-5			考查
			小计	174	9												
		茶叶营销与业务管理	1 农务管理与质量追溯	40	2						4-5						考查
			2 茶叶电子商务	40	2							4					考查
			3 茶叶贮藏保鲜与包装	40	2							4-5				考试	
			4 会计电算化	40	2							4					考查
			5 农业项目撰写与管理	40	2								4				考查
			6 茶馆连锁经营	40	2								4				考查
			7 商务谈判	40	2									4			考查
			8 茶叶会展策划实务	40	2									4			考查
			小计	320	16												
		茶文化传播与茶艺培训	1 花艺设计	40	2	4											考查
			2 形象设计与形体训练	40	2					4							考查
			3 茶席设计	40	2			4									考查
			4 茶艺英语	40	2						4						考查
			5 外国茶道	40	2								4				考查
			6 茶艺美学（茶具、书法、美术、舞蹈）欣赏	40	2							4-5					考查
			小计	240	12												
		茶园生产管理	1 观光茶园设计与管理	40	2					4							考查
			2 茶树品种利用	40	2					4-5							考查
			3 茶园标准化生产	40	2						4						考查
			小计	120	6												
			专业方向课小计	854	43												
	专业技能实训项目课程		1 茶树品种识别与茶园管理技能	72	3	1周	1周		1周							考试	
			2 茶叶加工技能	192	8	1周	1周	1周	1周	1周	1周	1周				考试	
			3 茶叶审评技能	120	5			1周	1周	1周	1周	1周	2周			考试	
			4 茶艺技能	192	8	1周	1周	1周	1周	1周	1周	1周				考试	
			5 茶叶营销技能	120	5			1周	1周	1周	1周	1周	2周			考试	
			6 职业资格培训及考试	72	3			1周				1周	1周			考试	
			专业技能实训项目课程小计	768	32												
	顶岗实习		1 顶岗实习（含毕业教育）	576	24		2周		2周				4周	16周			考查
	毕业论文设计与答辩		1 毕业论文设计与答辩	112	8								1周	4周		考试	
	专业技能课合计			3 146	152												
任意选修课程			1 要求必选4学分	60	4					其中2学分通过选修1门学院开设的任意选修课取得，2学分通过参加大学生素质拓展活动取得							考查

类别	序号	课程名称	学时及学分		周课时及教学周安排										考核方法	
			学时	学分	一	二	三	四	五	六	七	八	九	十	考试	考查
					18	18	18	18	18	18	18	18	18	18		
其他类教育活动	1	技能比赛（茶艺、手工制茶等）	96	4	1周		1周				2周					考查
	2	行业活动（昭平茶王节、广西春茶节等）	72	3	1周		1周					1周				考查
		其他教育类活动小计	168	7												
		合计	4 650	233												

备注：1周折24学时，毕业论文设计与答辩112课时折5周。

附表 2-2　五年制茶叶生产加工技术专业各类课程学时学分比例表

课程类别		小计		小计	
		学时	占比/%	学分	占比/%
公共基础课小计		1 276	27	70	30
专业技能课	专业平台课小计	836		45	
	专业方向课小计	854		43	
	专业技能实训项目课程小计	768		32	
	顶岗实习（含毕业教育）	576		24	
	毕业论文设计与答辩	112		8	
	专业技能课小计	3 146	68	152	65
任意选修课		60	1	4	2
其他教育类活动小计		168	4	7	3
合计		4 650	100	233	100

附录3 广西工业职业技术学院与桂平一职校五年制汽车运用与维修专业人才培养方案

一、专业与专门化方向

（一）专业：汽车运用与维修专业

（二）专门化方向：汽车运用与维修

二、入学要求与基本学制

（一）招生对象：初中毕业生

（二）基本学制：五年

（三）办学层次：大学专科

三、培养目标

本专业实行以专长培养为主的"一项专长、两种素质、三个能力"一体化人才培养模式，培养拥护党的基本路线，德、智、体、美等方面全面发展，掌握现代汽车的基础理论和制造技术，具有从事汽车检测、维修、制造和汽车服务必需的理论知识和职业能力，适应汽车生产、服务、技术和管理第一线工作的高端技能型专门人才。

（一）职业岗位知识、能力、素质分析（见附表3-1）

附表3-1 职业岗位知识、能力与素质分析表

职业素质与能力		知识与能力构成	主干课程及教学形式
基本素质	政治思想素质	是非分明，坚定正确的政治方向	思想道德修养与法律基础、毛泽东思想和中国特色社会主义理论体系概论、形势与政策、心理健康教育、国防教育、就业指导及社会调查
		认识现代中国国情	
		认识社会，适应社会	
		树立正确的世界观和人生观	
		遵纪守法，具有良好的道德修养	
		良好的心理素质，爱岗敬业	
		具备责任心，事业心及诚信	
	身体素质	身体健康、具有创业精神、良好的职业道德、力量、速度、耐力、各种体育运动	体育、大学生心理健康
	团队素质	合作交流、公平竞争、团结协作、爱岗奉献	体育及健康教育、劳动、军训
基本能力	计算机应用	计算机基本知识、原理、操作能力	计算机应用基础、上机操作
	外语应用	外语日常听、说，专业外语写、译能力	英语、英语等级考试
	与人合作交往	语言表达和写作、沟通技巧	各项学生活动、竞赛、劳动
	自学、创新	学会主动学习，培养创新能力	社交礼仪、大学语文、创业培训
专业基础能力	识图与绘图汽车零部件测绘工程材料处理汽车电路分析汽车使用与维护基本能力	国家制图标准知识、公差配合国家标准知识、具备一定的测绘能力，常用机械结构原理、能够合理选用零件，进行汽车电路分析，具有汽车美容装饰、二手车评估与销售、汽车使用与维护等基础技能	机械制图与公差、AutoCAD、汽车机械基础、零部件测绘、汽车电路分析、汽车美容装饰、二手车评估与销售、汽车使用与维护基础技能综合实训

职业素质与能力		知识与能力构成	主干课程及教学形式
专业核心能力	1. 对应岗位：汽车机械及电子维修工、美容工、汽车质检员、汽车销售顾问、汽车保险员等 2. 具有汽车拆装、保养、检测、诊断与故障排除技能、汽车销售、钣金等能力	了解汽车制造企业文化和汽车维修行业文化，掌握汽车的拆装知识、汽车保养方法，具备汽车检测与诊断及排除故障的能力，具备新能源汽车维修基本技术、具备汽车售后服务的管理能力	发动机构造与维修、汽车底盘构造与维修、自动变速器构造与维修、汽车电器设备构造与维修、汽车底盘及车身电控技术与检修、新能源汽车维修技术、汽车检测技术、汽车底盘（自动变速器、电路）维修综合实训、汽车整车综合维修实训、毕业设计、综合实践及顶岗实习
专业拓展能力	1. 对应岗位：汽车保险员、汽车钣金工、汽车零件销售等 2. 具有企业管理能力、市场营销能力	掌握汽车信贷与保险、汽车改装、汽车钣金、汽车及配件管理与营销等基本技能	汽车专业外语、汽车配件管理与营销、汽车维修中级特训、汽车维修高级特训、钣金技术、工业工程
职业资格证书	1. 对应岗位：汽车机械及电子维修工、汽车保养员、汽车美容工、汽车钣金工、汽车质检员、汽车保险员、汽车销售、汽车零部件管理销售等 2. 具有本专业必备的职业技能	具有持证上岗的资格的汽车维修中、高级工、机动车维修技术人员从业资格证	中、高级汽修工考证前强化训练

（二）专业主要课程设置

1. 专业主干课程：

（1）机械制图与公差。

课程负责人：叶龙。本课程要求学生掌握绘制工程图样和解决空间几何问题的基本理论和方法，学习尺寸公差、形位公差、表面粗糙度的国家标准、基本概念、标注及含义，基本测量方法，从而具备绘图、读图的基本能力；具有初步运用计算机绘图的能力。

（2）汽车机械基础。

课程负责人：黄牧。本课程能帮助学生掌握汽车零件设计、机械传动、液压与气压传动、金属材料与热处理四个方面的知识，能够初步了解这几个方面的知识和具备应用相关技能的能力。

（3）汽车维护。

课程负责人：黄文剑。本课程选取了维护业务接待、雨刮片的检查与更换、蓄电池的检查与维护、空气滤清器和空调滤清器的维护、火花塞的检查与更换、机油的检查与更换、冷却液的检查与更换、轮胎的检查与更换、制动系统的检查与维护、汽车灯光系统的检查与维护共十个典型的轿车维护工作任务，以工作页的形式将理论知识和操作技能有机地结合起来，结构巧妙，在关键知识点和技能点的讲解中留有开放式题目，有利于引发学生思考。每一个工作任务相对独立，都是轿车维护最常见的工作项目，具有很强的适用性。

（4）汽车电工电子基础。

课程负责人：李银英。本课程的任务是使学生掌握在检测与维修岗位所必需的电路基本理论、掌握电子技术理论，电子仪器仪表的使用方法（特别是模拟式、数字式万用表和示波器的使用），掌握汽车电路电阻、电流、电压的测量能力，能够理解汽车传感器的工作原理，汽车发电机的结构、工作原理，汽车各类电动机的结构、工作原理和检测，汽车电子器件的特性、参数和检测，汽车电子电路的结构、工作原理及应用等。

（5）汽车文化。

课程负责人：吴玉梅。本课程包括汽车发展简史、汽车工业概况、汽车特征概述、汽车基本结构、汽车现代技术、汽车生产过程、汽车使用维修与汽车环保工程等内容。

（6）汽车发动机构造与拆装。

课程负责人：李盛福。本课程主要是教授学生发动机两大机构和五大系统的构造与工作原理，学生通过拆装，掌握各系统的工作。

2. 专项能力模块课程

（1）发动机故障诊断与排除模块。

模块负责人：郭锋。本课程主要是学习发动机的结构和工作原理、汽车维修的基本理论以及发动机维护与修理的有关知识。通过学习本课程，学生能够掌握发动机各系统、总成和部件的功用、结构与工作原理，掌握汽车零部件耗损、检验、修复的基本理论，掌握发动机的维修技能，具有发动机拆装和发动机零部件耗损分析，发动机维修、发动机机械及电控系统故障诊断与排除的能力。

（2）底盘故障诊断与排除模块。

模块负责人：韦孟洲。本课程主要是学习底盘及底盘电控系统的结构和工作原理、底盘维护与修理的有关知识。通过本课程的学习，学生能够掌握底盘各系统、总成和部件的功用、结构与工作原理，初步具有底盘拆装，底盘零部件耗损分析，底盘维修、底盘故障诊断与排除的能力，掌握底盘电控系统的维修技能。

（3）汽车电器故障诊断与排除模块。

模块负责人：陈娇英。本课程主要是训练学生掌握汽车电源系统、灯光系统、仪表、车门中控、玻璃升降、空调、安全气囊、车载网络通信系统等电气设备的维修技能，使学生了解其结构与原理，熟练使用汽车电气设备维修的常用工具、量具和设备，具备对汽车电器设备进行维护、调整、检修的技能。熟悉汽车电气设备各系统的线路及典型汽车的全车线路；要求学生具有对汽车电路常见故障的诊断与排除的能力。训练学生掌握汽车维修电工的基本操作技能。

（4）汽车销售模块。

模块负责人：蒋玉秀。本课程主要是讲授汽车销售流程、销售准备工作、认知顾客、接待顾客、寻求顾客的需求、静（动）态介绍产品、处理异议、价格磋商、交车及交车仪式等，让学生具有汽车销售人员所具备的素质与能力。

（5）汽车服务管理模块。

模块负责人：蒋玉秀。本课程主要是对学生进行汽车维修业务接待员岗位应掌握的技能进行训练，主要包括汽车维修业务接待的素质与职责、优质服务的礼仪与接待技巧、汽车维修制度、汽车维修合同、汽车配件知识、维修收入与维修合同、三包索赔与机动车辆保险理赔、财务知识、汽车维修接待软件的使用与维修服务核心流程等内容。学生需掌握售后服务接待技能、二手车销售、汽车保险与理赔实际业务的内容和操作技能的能力。掌握汽车维修企业筹建前所需要进行的准备工作、企业管理与生产现场管理的基本知识、汽车维修企业必备的法律常识与财务管理知识、汽车维修企业常用的维修登记表格及相关的规章制度等内容。通过以上设置，最终让学生达到从事汽车维修的创业者及经营者的基础能力。

（6）汽车美容模块。

模块负责人：徐华。汽车美容装饰课主要是训练学生掌握汽车清洗、汽车内饰美容护理、汽车漆膜护理、汽车外部装饰、汽车内部装饰、汽车音响及防护装饰的技能。

（7）新能源汽车维修模块

模块负责人：孔宁。新能源汽车维修模块主要讲授纯电动汽车、混合动力电动汽车、燃料电池电动汽车、燃气汽车的基本结构与工作原理及维修技能。采用一体化教学的模式，从感性到理性，由浅入深，遵循学习规律，激发学生学习热情，注重理论与实践结合，加强学生实践技能的培养与训练。

（8）整车综合故障诊断与排除模块。

模块负责人：韦孟洲。通过本课程的学习，学生能够掌握汽车故障诊断的基本理论知识，能够对汽车常见故障现象进行总结，分析故障原因，查找故障部位；学生通过实训能够提升自己的实践技能，掌握正确的故障诊断方法，从而对汽车各系统的重要部位进行检测和调整，具备对汽车典型故障进行诊断、检测与排除的能力。

3. 综合能力模块课程

（1）高级汽车维修工考证强化训练。

模块负责人：李盛福。通过对整个汽车综合维修的实训，学生能够熟悉整个汽车的结构。了解其工作原理，掌握整个汽车的故障检查。具备汽车的维修知识和基本技能，并通过汽车维修高级工考试，获得汽车维修高级工资格证，适应社会对汽车维修人才的更高要求。

（2）毕业设计。

毕业设计是大学生毕业前把所学基础知识和专业知识及实际应用结合起来，进行综合运用的一次实践，是培养学生创新能力，掌握解决问题的思路和途径、方法和手段的重要环节，按照汽车故障的诊断与维修、美容和装潢等内容开展；毕业设计指导工作，旨在培养学生的动手和创新能力。

（3）学期综合能力模块（一）。

模块负责人：徐华。本模块主要是针对以下对象：

第一，本学期已学习发动机维修与故障诊断模块（二）、底盘维修与故障诊断模块（二）、汽车电器维修与故障诊断模块（一）中考核未通过的同学，使其重新参加训练、考核，进一步强化其电器故障诊断模块的实践操作能力；

第一，对考核成绩不满意的同学，愿意进一步学习的，可重新考核；

第二，对已经学习的模块的理论知识、技能想进行进一步拓展学习；

实训室中常见的部件设备经多次拆装、使用后会发生损坏现象，通过此项目的开办，可以组织学生修复这些部件。

（4）学期综合能力模块（二）。

模块负责人：韦孟洲。本模块主要进行本学期已学习模块中汽车电器与故障诊断模块（二），进一步强化电器故障诊断模块的实践操作能力；

本模块主要是针对以下学生：

新能源汽车维修模块、汽车服务管理模块考核未通过的同学；

对考核成绩不满意的同学，并且愿意进一步学习的；

对已经学习的模块的理论知识、技能想进一步拓展学习的同学。

之前学生掌握的是对单个主要部件故障进行诊断和维修能力。本模块是在学生学习并掌握各主要部件的诊断与维修技能的前提下，对整车范围故障进行诊断与维修。本模块能帮助学生具备常见汽车故障诊断维修能力。

本课程的目标是训练各专业学生的汽车维修接待综合能力，提高学生全面的服务意识、良好的综合礼仪和职业素养。

（5）学期综合能力模块（三）。

模块负责人：李盛福。本模块主要是针对以下对象：

第一，本学期在汽车美容模块、汽车整车维修与故障诊断模块、汽车销售模块中考核未通过的同学；

对考核成绩不满意的同学，愿意提高学习的同学；

对已经学习的模块的理论知识、技能进一步拓展学习的同学。

教师指导学生设计实用的社会实践项目并实施，使学生具备分析问题解决问题的能力；学生通过相关拓展课的学习，能够初步掌握小型汽车快修店、汽车美容店、汽车配件店的选址、投资、布置、营运、管理等知识，培养学生将创新创业与"互联网+"结合，产生更大经济效益的能力。

4. 主要实践教学环节：

（1）汽车构造认知专业技能训练。

课程负责人：黄文剑。通过对汽车各组成部分的认识，学生能够掌握汽车基本使用方法，掌握汽车各系统的基本工作原理。

（2）零件拆装与测绘综合技能训练。

课程负责人：叶龙。训练学生掌握一般机械的操作与测绘技能，能够掌握普通机械的拆装技能和工具、量具的使用方法，能进行零件测绘。

（3）钳工基础技能训练。

本课程主要教授学生钳工的基本操作技能，结合操作讲解金工基本知识，使学生学会使用工具和量具，了解机械加工的一般方法，训练钳工的基本操作技能。

（4）焊工基础技能训练。

通过本课程的学习，学生能够初步掌握乙炔切割与焊接，二氧化碳气体保护焊、氩弧焊的基本操作技能。

（5）CAD基础技能训练。

课程负责人：徐华。通过本课程的学习，学生能够初步掌握计算机绘图操作技能和绘图、编辑、修改图形的能力。课程强调实践技能训练，使学生从实践中学习知识掌握理论，提高应用计算机进行辅助设计及绘图的能力。

（6）汽车拆装技能训练。

课程负责人：覃有实。通过实训，学生能熟悉汽车各部件构造及安装位置，掌握各部件安装及拆卸程序。

（7）钳工技能提高实训。

本课程是学生在学习钳工基本操作技能基础上，进一步提升综合能力的训练，使学生能够动手操作较复杂的构件。本课程着重训练学生掌握钳工的精细操作技能。

（8）焊工技能提高实训。

本课程是学生在学习焊工基本操作技能基础上，进一步提升综合能力的训练练习，初步掌握乙炔切割与焊接，二氧化碳气体保护焊、氩弧焊的复杂操作技能。

（9）顶岗实习。

学生通过全面运用所学的基本理论和专业知识，解决常见的汽车发动机、电控发动机的构造、原理以及故障检测、诊断与排除。掌握汽车检测设备、仪器和仪表的使用方法，能对汽车的性能和故障进行检测诊断和排除。熟悉汽车整车的构造，掌握汽车各个部分的检测、维修及保养。

5. 其他实践教学环节

（1）入学教育、军训。

入学教育，即对学生进行专业教育和校规校纪教育，使学生明确学习的目的，能够热爱专业。通过学习军事知识，加强学生的组织纪律意识，强化学生内务管理能力。

（2）毕业教育。

毕业教育注重对学生的理想教育，教育学生胸怀大局，到祖国需要的地方去。同时还要引导学生做好思想、学习鉴定，看到成绩，找出差距，以利于毕业后更好地发展。

（三）课程设置与教学时间安排。

略

（四）校企合作教育。

1. 校外实训基地（东风雪铁龙等 4S 店、广西弘菱汽车销售服务有限公司等）

2. 产教结合的形式

学校通过与社会企业的合作，提高学生在学习过程中对问题的理解能力，不断提升学生的实践和认知能力。

尽量多安排学生到相关企业进行参观、实习，参加每年一度的广西南宁汽车展和东盟汽车展，使学生能够将在学校里学到的理论知识以及操作技能同社会实际情况紧密结合。定期邀请企业富有经验的工程师到学校举办学术讲座。利用假期时间安排部分学生到企业实习，提升学生的学习主动性以及毕业时的社会适应能力。

定期安排专业教师到企业培训，使教师的专业知识、技能能够不断进行更新。

（五）关于专业教学计划的其他说明。

汽车工程系进行的模块化课程改革，是将所有的专业基础课程、专业核心课程以及实训进行了综合即以"操作先行理论跟进"形式开展，与普通课程+实训的教学有很大的区别。前者更着重培养学生的岗位操作技能、职业素质以及职业精神。附表 3-2 以广西工业职业技术学院汽车运用与维修专业的课程设置与教学时间安排为示例，进行了说明。

附表 3-2　广西工业职业技术学院 2017 级汽车运用
与维修专业课程设置与教学时间安排表（五年制高职段）

广西工业职业技术学院2017级汽车运用与维修专业课程设置与教学时间安排表(五年制高职段)

专业：汽车运用与维修专业
学制：三年制
制定日期：2017年7月

校历和周数分配表

课程类型	课程名称	课程性质	考试学期	学分	总课时	理论课时	实践课时	第一学年 8	第一学年 8	第二学年 4	第二学年 4	第三学年 0	第三学年 0	开课部门
基础素质能力模块	思想道德修养与法律基础	必修		3.0	48	32	16	4+2						社科
	毛泽东思想和中国特色社会主义理论体系概论	必修		4.0	64	32	32		4+4					社科
	形势与政策	必修		1.0	16	16	0			2				社科
	安全教育	必修		1.5	24	12	12	2	2					教务
	体育	必修		4.0	102	34	68	2+1	2+1					基础
	大学英语	必修	1	6.0	96	96	0		6					基础
	高等数学	必修	1	4.0	48	48	0		6					基础
	计算机应用基础	必修		4.0	56	28	28	7						教艺
	大学语文	必修	1	4.0	64	64	0	4	4					教务
	大学生就业与创业指导	必修		2.5	38	28	10							教务
	入学教育、军训	必修		2.0	60	30	30	进度、训练						学工
	课程小计			36.0	556	390	166							
	学分比例			24%										

课程类型	模块化教学课程	性质	考试学期	学分	总课时	模块化上课周数	周学时	周学时	周学时	周学时	周学时	开课部门
专项能力模块（负责人：陈小龙）	★汽车构造认知与维护模块	必修		2.0	32	2	16					汽车
	★发动机故障诊断与排除模块	必修	1	4.0	64	4	16					汽车
	★汽车电器故障诊断与排除模块	必修	1	4.0	64	4	16					汽车
	★底盘故障诊断与排除模块	必修	2	4.0	64	4		16				汽车
	汽车销售模块	必修	2	3.0	48	3		16				汽车
	汽车服务管理模块	必修	3	2.0	32	2			16			汽车
	新能源汽车维修模块	必修		3.0	32	2			16			汽车
	汽车美容模块	必修	3	2.0	32	2			16			汽车
	课程小计			24.0	368.0	147	221					
	学分比例			16%								
综合能力模块（负责人：韦孟州）	整车综合故障诊断与排除模块	必修	4	4.0	64	4				16		汽车
	★中（高）级汽车维修工专业化实训模块	必修		4.0	64	4			16			汽车
	毕业设计	必修		6.0	120	4				30		汽车
	汽车服务管理卓越模块	必修	3	6.0	96	6			16	任选其中一模块		汽车
	汽车钣喷卓越模块	必修										汽车
	发动机维修卓越模块	必修										汽车
	新能源车维修卓越模块	必修	4	6.0	96	6	任选其中一模块		16			汽车
	底盘维修卓越模块	必修										汽车
	汽车电器维修卓越模块	必修										汽车
	顶岗实习			50.0	1110	19	18				30	30	
	课程小计			76.0	1550	620	930					
	学分比例			51%								
素质与专业能力拓展课程模块	人文素质类选修课（4学分）	任选		4.0	30				30	60		
	专业拓展类选修课（6学分）	任选		6.0	30	2			30	60		
	创新创业类选修课（2学分）	任选		2.0	30	2				30		
	课程小计			12.0	360	144	216					
	学分比例			8.0%								

统计栏

							1	1	1	1	0	0
考试周												
考试门数							4	3	3	2	0	0
实践周数							12	8	18	18	19	19
非模块化课程周学时（不含任选课）							17	21	0	0	0	0
模块化课程周最大学时（不含任选课）							25	25	16	16	0	
总学分、总课时			150.0	2894	1331	1563						
理论与实践课时比例					46%	54%						

参考文献

［1］冯·贝塔朗菲. 一般系统论［M］. 林康义，译. 北京：清华大学出版社，1987.

［2］姜太原. 职业教育学研究新论［M］. 北京：教育科学出版社，2007.

［3］陈昌曙. 技术哲学引论［M］. 北京：科学出版社，2012.

［4］邓荣. 用系统论分析职业技术教育的若干问题［J］. 南京工业职业技术学院学报，2002（2）：39-41.

［5］宋旭峰. 优化江苏高等教育结构的对策思考［J］. 江苏高教，2007（3）：48-51.

［6］梁国胜. 高职院校招生制度面临巨变［N/OL］. 中国青年报，（2013-08-12）［2020-4-20］. http://zqb.cyol.com/html/2013-08/12/nw.D110000zgqnb_20130812_1-11.htm

［7］韩志刚，张良军，贾明祖. 中高职对接的研究：以广西工业职业技术学院为例［J］. 轻工科技，2019（1）：130-135，145.

［8］黄于珊. 南宁市职业教育"立交桥"研究［D］. 南宁：广西大学，2012.

［9］陈颐. 一体化思路下中高职衔接的调查研究［J］. 高教论坛，2018（7）：70-73，85.

［10］韩俊. 陕西省职业教育衔接问题研究［D］. 西安：西北大学，2014.

［11］杨鸿飞. 江苏省中等、高等职业教育衔接的制度研究［D］. 上海：上海师范大学，2015.

［12］江静岚. 广西中高职衔接的政策评析［J］. 长沙：湖南工业职业技术学院学报，2016（2）：98-100.

［13］黄海珍. 广西职业教育"立交桥"纵向衔接通道建设研究［J］. 南宁职业技术学院学报，2019（5）：45-48.

［14］李海东. 现代职业教育背景下广东中高职衔接体制构建的理论与实

践［M］.广州：广东高等教育出版社，2018.

［15］曹伟，顾锋.江阴职教联盟背景下中高职一体化办学的探索与实践［J］.南通职业大学学报，2019（1）：45-50.

［16］齐守泉.中高职专业衔接的问题分析和实践路径［J］.江苏教育，2019（36）：26-32.

［17］邵元君.中高职衔接中的问题与对策研究［D］.上海：华东师范大学，2013.

［18］孙子秀.中等和高等职业教育协调发展中的专业衔接研究［D］.上海：上海师范大学，2012.

［19］谭强.基于现代职业教育体系的中高职课程衔接研究［D］.重庆：西南大学，2016.

［20］邓佳楠.江西省中高职学前教育专业课程衔接研究［D］.南昌：东华理工大学，2016.

［21］傅大梅.应用电子技术专业中高职衔接课程体系建设研究［J］.中国职业技术教育，2016（20）：71-74.

［22］金长义.高职院校校企多元化合作机制的研究［M］.北京：化学工业出版社，2008.

［23］李海东，杜怡萍.中高职衔接标准建设新视野：从需求到供给［M］.广州：广东高等教育出版社，2014.

［24］徐国庆.职业教育办学模式研究的分析框架［J］.职教论坛，2013（19）：14-21.

［25］齐守泉，石伟平.中高职专业衔接结构模型构建研究［J］.职教论坛，2016（18）：11-1

［26］唐述荣.广西中等职业教育师资现状与思考［J］.广西教育，2015（01）：19-23.

［27］王俊峰.构建面向中小企业的公共技术服务平台：德国弗朗霍夫协会的经验及其对我国的启示［J］.中国科技论坛，2007（10）：51-54，77.

［28］黄耀.五年制高职应用文写作教学存在的问题与对策［J］.广西教育（职业与高等教育版），2013（9）：131-132.

［29］姜超.高等职业院校师资队伍建设中的困境与挑战［J］.高教学刊，2016（19）：193-194.

［30］周芳.中高职衔接培养目标体系的构建［J］.教育与职业，2014（11）：29-30.

［31］谭欣. 基于校企合作的酒店管理专业中高职衔接人才培养质量研究
［J］. 广西教育，2015（15）：102-104.

［32］侯春雨. 本科层次高等职业教育培养目标探讨［J］. 机械职业教育，
2013（3）：9-11.

［33］王琳. 注册入学：拓宽中高职衔接的有效通道［J］. 教育观察，
2013，2（1）：32-37.

［34］陈果. 天津市中等职业教育与高等职业教育衔接的思路与对策
［D］. 天津：天津大学，2008.

［35］匡瑛. 职业教育集团化办学模式的国际比较研究［J］. 外国教育研
究，2008（15）：39.

［36］伍百军，郭盛晖. 现代学徒制对我国高职教育人才培养模式的启示
［J］. 南方职业教育学刊，2014（3）：56-57.

［37］贾铁钢，韩学军. 中高职衔接的现状调查与对策研究［J］. 机械职
业教育，2014（2）：9-10.

［38］李秀华. 对国外职业教育集团化办学模式的思考［J］. 北京农业职
业技术学院学报，2009（5）：58-61.